竹内謙彰
Takeuchi Yoshiaki

主体的な
学びの探求

クリエイツかもがわ
CREATES KAMOGAWA

はしがき

　私の今までの研究歴からするとやや異質な「主体的な学び」をテーマにした研究をしようと思うに至ったのには、主として3つほどの理由がある。

　ひとつには、自分自身が大学教員として教育に携わる中で、どのようにすれば学生の学びへの志向性を高めることができるかに悩んでいたことである。類似した悩みは、教育に携わる人であれば、多かれ少なかれ抱いたことがあるものだろう。自分自身は、愛知教育大学と立命館大学の2つの大学で、大学教員として長年教育に携わってきたが、近年になればなるほど、授業に対する学生の受け身の姿勢が気になるようになってきていた。自分自身の大学生時代のことをふりかえってみれば、必ずしもまじめな学生ではなく授業に熱心に出ていたわけではないのであるから、自分のことを棚に上げてという気がしないでもない。それでも、せっかく貴重な時間を使って授業に出ているのであれば、そこから有意義な何事かをつかみ取れるに越したことはない。そのためには、主体的な学びが重要ではないかと考えたのである。

　もっとも、ひとつめの理由だけであれば、より効果的な教授法の探求に収斂したかもしれない。しかし、もう少し広い視野からこの問題を検討してみたいと考えた理由が、ほかに2つほどある。

　主体的な学びを研究テーマとして取り上げた第2の理由は、文部科学省による「アクティブ・ラーニング」あるいは「主体的・対話的で深い学び」の提起である。この点については、本書第1章で詳しく述べているのでここでは繰り返さないが、こうした提起が積極性をもっているとともに、多くの課題を抱えているものでもあるという内包された矛盾とでも呼ぶべきものに気づいたことが、それを掘り下げる動機となったのである。

　そして第3の理由として、自分自身の子ども時代からの疑問に対して、何らかの答えを出したいという思いをもったことをあげることができる。小学生のころ、なぜ学校に行って勉強しなければならないのかと素朴な

疑問を抱いていた。といっても、学校がいやだったわけではない。小学生時代、どちらかといえば学校が好きだったし、教科や単元によって多少のちがいはあっても勉強もどちらかというと好きだった。しかし、必ずしも好きではなかったり、興味がもてなかったり、あるいはすでに知っている内容を勉強する時に、「なぜ勉強するんだろう」という疑問が頭をもたげてきたのである。また、義務教育という言葉にも違和感があった。のちに、義務教育における義務という言葉が、子どもへの強制ということではなく、子どもの教育権を保障するために保護者が負う義務なのだということを学んで、義務教育という語についての違和感はある程度解消された。とはいえ、学齢期に入った子どもにとって、学校に行かないという選択は事実上ないに等しいという点では、子どもにとっても学校に通うことが義務的であるのは事実である。

　ただし、ここで急いで付け加えておくべきは、学校はやはりこの社会にとって必要なものだということである。私自身のことをふりかえってみても、学校で学んで身につけたことはとても多い。また社会の維持や発展にとって、学校での教育が重要な役割を果たしていることも確かである。大事なことは、学び手と教育とが適切な関係性を構築できることだろう。その際の鍵になる要因の1つが学び手の主体性、あるいは主体的な学びではないだろうか。

　3つの理由が絡み合って、あれこれと考えたことが、「主体的な学び」をテーマとした本をまとめるに至った経緯である。

　ここで本書の構成について、簡単に述べておきたい。本書は、第Ⅰ部から第Ⅲ部までの3つの部に分かれており、各部には、1つないし複数の章が対応している。

　第Ⅰ部は、第1章のみで構成される問題提起のセクションである。

　第1章では、アクティブ・ラーニングあるいは主体的な学びについての文献展望を行っている。文献展望の主たる対象となったのは、文部科学省によるアクティブ・ラーニングあるいは主体的・対話的で深い学びを提

起した文書とそれに対する批判的検討を行った文献、主体的な学びにかかわる近年の議論を代表すると考えられる文献、主体的な学びが成立していると考えられる実践についての文献である。主体的な学びにかかわる問題意識をいくつかの関連文献に依拠しつつ整理したものといってよい。ちなみに本書では、アクティブ・ラーニングの語を記す際、中黒（・）を入れる表記を主として用いるが、引用元の文献で中黒を入れないアクティブラーニングの表記が用いられている場合には、その表記法にあわせることとした。

　第Ⅱ部は、第2章、第3章、第4章の3つの章で構成される、主体的な学びの態度についての実証研究のセクションである。ここでは、主体的な学びの態度を自己評定する尺度（質問紙）の開発ならびにその尺度とさまざまな変数との関連を検討したいくつかの調査研究の報告がなされている。「主体的な学び」は多方面での検討を要する大きな研究テーマであるが、この3つの章では、主体的な学びについての学習者の主観的な態度に焦点をあてている。当人が主体的に学んでいると感じる状態が、どのような変数と関連しているかを探ることは、主体的な学びが成立する条件を探求するための、ささやかではあれ、それなりの知見を提供することになるだろう。

　第Ⅱ部の最初の第2章では、主体的な学びの態度尺度の開発の経緯について述べている。開発した尺度がある程度の信頼性と妥当性をもっていることを示した。第3章では、生涯発達との関連で成人期において主体的な学びの態度が年齢とどのような関連をもつのか、また、主観的幸福感とはどのような関連がみられるのかを検討している。第4章では、小学生時代の遊び体験と主体的な学びの態度との関連が検討されている。

　第2章～第4章の研究は、いずれもWeb調査に依拠しているので、その点での限界性はあるものの、興味深い結果が得られていると言ってよい。

　第Ⅲ部は、第5章と第6章の2つの章で構成される。本書全体のまとめに相当する部分である。第5章では、第1章～第4章までの議論を総括す

るとともに若干の考察を行っている。第6章では、残された課題について若干の整理を行っている。

　なお、各章の記述では拾い上げられなかったが重要と考えられるトピックについては、［Column］（コラム）として文章をいくつか挟んでいる。これらは、論稿というよりはエッセイと呼ぶべきものだが、各章の記述に比べ私の考えていることが色濃く反映した文章になっている。興味をもっていただければ幸いである。

2024年1月

竹内謙彰

もくじ

第Ⅰ部

問題提起

第1章

主体的な学びが成立するための
条件の探求

第1章の概要

　第1章は、本書が扱う「主体的な学び」とは何かについて、先行研究をもとに、筆者なりの見解をまとめることを企図している。

　ここでは、2つの目的を設定した。ひとつは主体的な学びとは何かを明らかにすること、2つ目は主体的な学びを実現するための条件を明らかにすることである。この2つの目的のために文献展望を行った。

　もとより、主体的な学びというテーマは広大な研究範囲に及ぶものであり、簡単に文献を渉猟しつくすことなどできない。それゆえ、ここでは比較的近年にこの問題を扱った文献に絞って、検討を試みることとした。

　実際に文献展望の主たる対象としたのは、文部科学省によるアクティブ・ラーニングあるいは主体的・対話的で深い学びを提起した文書とそれに対する批判的検討を行った文献、主体的な学びにかかわる近年の議論を代表すると考えられる文献、主体的な学びが成立していると考えられる実践についての文献等である。

　先行研究を概観し考察を加えることを通して、以下の2つの結論を導いた。

第1の結論は、主体的な学びにレベル分けの考え方を導入することであった。すなわち、①既存の教育システムの中で学習者がわずかでも積極的な学びを行うようになるレベル（レベル1）、②既存の教育システムの中で最大限学習者が積極的に学ぶことができるレベル（レベル2）、③既存の教育システムを越えて学習者自身が学びをコントロールするレベル（レベル3）の3つのレベルに分けて理解されうると考えたのである。

　第2の結論は、主体的な学びを成立させる上で重要な要因であるモチベーションに関することである。主体的な学びが成立するための中核的な条件は学びに対して持続する高いモチベーションであり、レベル3においてはそれが常に供給可能であるのに対し、レベル2あるいはレベル1においては、教員の力量形成、学び方に対する選択の自由の保障や多様な学び方の自覚的相対化、学びのコミュニティの形成などの条件整備が求められる。レベル3における学びの本質を探究することは今後の課題として残された。

1
はじめに

　筆者は大学教員の一人として、学生が豊かな学びを遂げることができることを願い、それなりの努力を行ってきた。しかしながら、あくまで個人的な感想だが、自分が接する機会のある学生たちの学びに対する意欲は、以前と比べて低下してきているように感じられる。具体的に指示された課題について比較的適切に対応することはある程度できてはいる。つまり、なすべき課題がわかりやすく提示されていればそれなりに課題に取り組むのであり、そうした面でも意欲の低下がみられるもののそれほど顕著ではない。それよりもむしろ問題なのは、自発的に何かを学ぼうとする姿勢がかなり弱くなってきたと感じられることである。指示された以上

のことは決して取り組もうとしない学生が多くなり、また、自分で興味を
もって何かを掘り下げて調べようとする姿勢を示す学生に出会うことも少
なくなってきたように感じられるのである。筆者が、今回一定の時間と労
力を傾けて本書をまとめることにしたのは、そうした実感にもとづく問題
意識が根底にあるからである[1]。

　2016年にベネッセ教育総合研究所が実施した「第3回 大学生の学習・
生活実態調査書」によると、2008年実施の第1回調査と比して、大学生
にとって主体的な参加が必要な教育機会が増え、学生が以前よりまじめ
に授業に取り組むようになってきたが、その一方で、学生の学びに向か
う態度は受け身の傾向が強まり、教員や保護者に対してより依存しやす
くなってきたという結果が得られている（ベネッセ教育総合研究所, 2018）。
受け身の傾向が強まっているという点は、筆者が実際に出会う学生の最
近の行動傾向とも重なる結果だと言ってよい。

　近年、多くの大学で、学生の主体的参加を促す教育機会を増やす努
力がなされてきた。実際、主体的な学び、あるいは主体的な学修は、文
部科学省が方向づける大学改革の重要なキーワードである（文部科学省,
2012）。もっとも、主体的な学びは、大学などの高等教育機関だけではな
く、初等中等教育機関である小・中学校や高等学校における教育におい
ても、その実現がめざされている。「平成29・30年改訂学習指導要領」
では、重視される学び方における視点として「主体的・対話的で深い学び」
が強調されている（文部科学省, 2017）。

　一般的に言って、主体的に学ぶことは望ましいことであり、そのことに
正面切って異を唱える人はあまりいないだろう。しかしながら、異論が出
にくい提案は、実はその背景や細部が十分吟味されていない可能性があ
る。すなわち、曖昧で守備範囲が広い概念を用いることで、とりあえず
多くの人が反対しにくいだけかもしれないのだ。そうした批判的観点をも
含めて、主体的な学びとは何かをあらためて吟味したい。主体的な学び
がどのようなものであるかが明確になることによって、主体的な学びを実

現するための条件もまた、より明確になるはずである。

　ここまで述べたことをふまえて、本章で主として取り組むべき課題とそのための作業を、主体的な学びとはいかなるものかを明らかにすることと、主体的な学びを可能にする条件を明らかにすることの大きく２つに分けて整理しておきたい。なお、本章の問題意識の発端は、大学教育の在り方についてであるが、上記２つの課題を深く検討するためには、大学教育という枠を超えて広く教育現象を捉える視点が必要になる。それゆえ、取り上げる文献も、守備範囲を広げなければならないだろう。

　さて、第１の課題である主体的な学びとは何かを明らかにするために、本章では以下の作業に取り組むこととする。今日、日本の教育界において主体的な学びが一種のブームになっているが、そのきっかけのひとつは、文部科学省の提起であるので、課題を達成するために、まずは文部科学省の提起を批判的に検討する作業から始めたい。その上で、比較的近年の主体的な学びにかかわる議論を整理検討する作業を行う。こうした作業を通じて、現在、主体的な学びと呼ばれているものの特徴を明らかにするだけではなく、「主体的な学びとはいかにあるべきものか」という問い、さらには「主体的な学びはいかにあるべきものではないか」という問いにも答えることをめざす。こうした問いに明快に答えることは容易ではないが、それでもなお、ここではできるだけ広くこの課題について考え、主体的な学びを特徴づけたい。

　第２の課題は、本章での定義づけをふまえて、主体的な学びを実現するための条件を明らかにすることである。この課題を達成するためには、第１の課題の検討に際して明らかになった諸点が役立つだろう。それに加えて、現実に行われていて、学び手の主体的な学びが十分成立しうる条件を備えていると考えられる実践について検討する作業を付け加えることとしたい。本章において、ワークショップとサドベリー・バレー校を取り上げ検討したい。なぜこの２つを取り上げるかは当該箇所において説明する。

　これら２つの課題に答えを見出すことが、本章の目的である。

2

主体的な学びとは何か

⌈1⌉ 文部科学省によるアクティブ・ラーニングあるいは主体的・対話的で深い学びの提起とそれに対する批判的検討

① 提起の経緯

　今日、日本の教育界において主体的な学び、あるいはアクティブ・ラーニングが一種のブームになっているのは、「1.はじめに」でもふれた文部科学省の提起によるところが大きい（小針, 2018; 松下, 2016; 溝上, 2014; 田上, 2016; 渡部, 2020）。「質的転換答申」とも呼ばれる2012年8月の中央教育審議会（以下、中教審）答申「新たな未来を築くための大学教育の質的転換に向けて」において、従来からの一方向的な講義形式の教育とは異なる学修者の能動的な学修への参加を取り入れた教授・学習法の総称としてアクティブ・ラーニングの語が用いられた。この時点ではまだ、アクティブ・ラーニングは大学教育改革のキーワードとしての位置づけであった。それが、日本の学校教育全体にかかわる改革のキーワードとなったのは、学習指導要領改訂や高大接続改革を通じてである（松下, 2016）。2014年11月に次期学習指導要領の諮問があり、同年12月には、「高大接続改革答申」と称される中教審答申「新しい時代にふさわしい高大接続の実現に向けた高等学校教育、大学教育、大学入学者選抜の一体的改革について」が出されている。

　アクティブ・ラーニングが教育の方法として強調されることに対し、教育現場や研究者からは、子どもが能動的に学習に取り組むために有効であるとの受け止めとともに、批判的な論調もみられた。特に活動主義的な方法論ばかりが形式的に普及することで教科学習の質が落ちるとの批

判に対応して、文部科学省の説明も変化した。教育や学びの「方法」として提起されたアクティブ・ラーニングが、単なる「方法」ではなく授業改善の総合的な「視点」であるとする異なる説明がなされるようになり、2017年3月に改訂・告示された「学習指導要領」においても授業改善の視点として明記された（小針, 2018）。

　なお、2017年の学習指導要領においては、アクティブ・ラーニングの語はまったく用いられず、その代わりに、「主体的・対話的で深い学び」という表現が用いられるようになった。

② 提起に対する批判的検討

　ここでは、文部科学省により提起されたアクティブ・ラーニング、あるいは主体的・対話的で深い学びについての批判的論点について整理を試みる。取り上げるのは、田上（2016）による教育方法学的立脚点からの批判、および小針（2018）による教育史的観点からの批判である。

　まず、田上（2016）の論点をみていこう。田上（2016）は、教育方法学的立脚点を、「『どう教育するか』という問いと『それは教育か（教育とは何か）』という問いを同時に追究する立ち位置のことである」(p.10) と述べ、教育方法として提起されたアクティブ・ラーニングに対する批判を展開する。

　そもそも、それまでの学習指導要領では、教育内容についての詳細な規定はなされても、教育方法についての踏み込んだ言及はなされてこなかった。それゆえ田上（2016）は、「教育の方法が学習指導要領で言及された場合、原理的には教師はその教育方法を意識して使用せざるを得ない」(p.13) ことを指摘し、教育における目的と手段の関係が転倒しかねないこと、すなわち、何らかの教育目標を達成するためにアクティブ・ラーニングを行うのではなく、アクティブ・ラーニングを行うことそのものが目的と化してしまうことに警鐘を鳴らす。

　アクティブな学びを考える場合、外面的な側面（積極的に発言する、活

発に動いて調べ物をするなど、捉えやすい外的行動）と内面的な側面（心内で生じる動機、感情、知識、理解、思考などのプロセス）の両者を射程に入れておかなければならない。しかし、教育において方法としてアクティブ・ラーニングを位置づけることが先行すると、わかりやすい指標として、外面的な活動にばかり焦点があたり、内面的な活動がおろそかになる事態が生じかねない。

　外面的な活動を強調するような授業の定式化、固定化が進行することは子どもにとってどのような影響を及ぼすだろうか。外面的な活動を強調するアクティブ・ラーニングに学習様式が合う子どもや意義を見出す子どもは一定数いるであろう。しかしそれとともに、学習様式が合わない子どもや意義を見出さない子どももいるであろう。授業の方法が固定化するようになれば、子どもに合わせたさまざまな教育方法の選択が難しくなることが懸念されるのである。また、田上（2016）は、「そもそも教師の想定するアクティブ・ラーニングに素直に取り組む子どもはアクティブなのか」という本質的な問いかけを行っている。

　田上（2016）は自らの論点を要約して、「学習指導要領で提唱されるアクティブ・ラーニングの授業論としての問題は、授業の定式化や固定化と、それに順応する態度を教師と子どもに求めることである」（p.22）と述べている。

　田上（2016）は「本来子どもの思考・表現がアクティブなものであれば、教師側の計画通りに教育実践は進まない。アクティブ・ラーニングが滞りなく展開するということは、子どもたちが教師や集団にあわせているということの証左であるともいえよう」（p.17）と皮肉な指摘を行っている。そして、「人間形成の方向性を自立した主体的な人間へと向かうものとすれば、教育の方法、すなわち子どもにとっての学習方法は、子どもがそれを絶対視せず相対化していく方向で考えられなければならない」（p.21）と、子どもたち自身が教育方法を相対化していくことをめざすべきだとしているのである。

なお付言すれば、2017年3月に改訂・告示された「学習指導要領」では、先述のように、「アクティブ・ラーニング」は「主体的・対話的で深い学び」と表現が変更されただけではなく、その位置づけも、教育方法から授業改善の視点へと変更された。当初、教育方法として提起されたアクティブ・ラーニングが、教育改善のための視点であることに変更されたのは、授業方法が固定化することへの懸念や批判が多く寄せられたことへの対応であることを、文部科学省自身が示唆している（文部科学省, 2015）[2]。しかしながら、田上(2016)の指摘した問題点が解消したわけではない。「主体的・対話的で深い学び」と表現は変わっても、子ども（学習者）自身が教育方法を相対化する方向までをめざしているものではないのである。

　学習者が、能動的・活動的に学ぶことは一般的に言って良きこととされているがゆえに、アクティブ・ラーニングに対して原理的な批判はなされにくい。それだけに、教育方法学的立脚点からの田上（2016）の批判は、得難いものである。次に、より広い視野からの批判として小針（2018）による教育史的観点からの議論を取り上げよう。

　小針（2018）は、今次のアクティブラーニングや「主体的・対話的で深い学び」なるものが教育政策として提起、導入されるようになった経緯をおさえつつ、日本の学校教育史上のアクティブラーニング導入の歴史を、近代教育史、戦後教育史、平成教育史という3つの教育史の中で検討した上で、これからのアクティブラーニングの実践上、運用上、倫理上の課題について考察している。なお付言すれば、かつての教育政策や教育運動、あるいは教育実践の中でアクティブラーニングという言葉が用いられたわけではなく、一方的な教え込みと受動的な学びになりがちな教育の実態へのアンチテーゼとして、それぞれの時期において能動的・積極的な学びの実現をめざす提案や実践がなされてきたものを、小針（2018）はアクティブラーニングの語で代表させているのである[3]。

　まず実践上の課題について、小針（2018）は主要な論点として教育格差の問題を指摘する。

2016年4月に実施された全国学力・学習状況調査（国立教育政策研究所, 2016）の際の質問紙調査の中には、アクティブラーニングにかかわる以下の2つの質問が含まれていた。

　Q1「小学校5年生まで（中学1、2年生のとき）に受けた授業では、先生から示される課題や、学級やグループの中で、自分たちで立てた課題に対して、自ら考え、自分から取り組んでいたと思いますか」
　Q2「小学校5年生まで（中学1、2年生のとき）に受けた授業で、自分の考えを発表する機会では、自分の考えがうまく伝わるよう、資料や文章、話の組み立てなどを工夫して発表していたと思いますか」

　回答は、「①当てはまる」「②どちらかといえば, 当てはまる」「③どちらかといえば, 当てはまらない」「④当てはまらない」の4つの選択肢から1つを選ぶ4件法であった。この質問項目における調査結果と学力の得点の関連をみると、①と回答したものは、④と回答したものと比較して、学力得点が高く、特に両者の差は、活用型学力問題においてより大きくなる傾向があった。こうした結果や、基礎学力が高いほどアクティブラーニングを好きと回答する割合が増えるとする調査結果（ベネッセ教育総合研究所, 2015）をふまえ、小針（2018）は、アクティブラーニングや「主体的・対話的で深い学び」が教育現場に導入されることで恩恵を受けやすいのは元々学力の高い層であり、安易なアクティブラーニングの導入は学力格差を助長する可能性があること、それに加えて、アクティブラーニングは新自由主義の思想や理念と都合よく結びついてしまう危険性を指摘している。
　次に運用上の課題についてみていこう。この面で危惧されるのは、田上（2016）の指摘とも重なる定型化の問題である。小針（2018）は、すでに近代教育史においても、学習者の能動性を引き出す教育であるとする評価を受けたある実践が、一面では定型化の問題を孕んでいたことを報

告している。

　そもそもアクティブラーニングは2014年における学習指導要領の諮問当時においては、従来の教え込み型とは異なる望ましい教育方法として提起されていたが、教育方法の定型化や固定化に対する研究者や現場の教育者の批判や危惧の声を受けて、授業改善の視点へと変更されたのである。しかし、授業改善の視点という位置づけは抽象的であり、かえって現場では何らかの型を求める傾向が強まっていることを小針（2018）は危惧している。実際、アクティブラーニングや主体的・対話的で深い学びに関する解説本や手引書に類する書籍が近年多く出版され、よく売れていることは、そうした危惧が杞憂ではないことを示唆している。

　こうした定型化の罠にはまらぬようにするにはいかにすべきか。解説本や手引書に紹介された授業方法や段取りをそのまま実行するのではなく、そうした授業がいかにして成立したか、その「条件」に注意を払いつつ参照することを小針（2018）は提唱する。ここでいう「条件」とは、学習者の態度や構え、学級内の友人関係や教師との関係などのことを指している。たとえば、あるアクティブラーニングの授業実践が学習者にとって素晴らしい結果をもたらしたとしても、それを可能にした条件は、学習者の元々の高い基礎学力であったり、学級内の子ども同士の協力的な関係であったりしたかもしれないのである。だとすると、うまくいった授業方法をそのまま基礎学力の獲得が不十分な学習者や、子ども同士の関係が競争的になりがちな学級に適用しても、うまくいくとはかぎらないのである。

　3点目である倫理上の課題では、そもそもアクティブラーニングを導入することは良いことなのかどうかという問いが投げかけられている。ここでのポイントをあえて要約すれば、さまざまな実践上の課題があるにもかかわらず、その解決の努力を置き去りにしたまま導入してしまってよいのかという問いかけに変換できよう。

　倫理上の課題として小針（2018）は4点を指摘する。アクティブラーニングを実現するのは存外難しいというのが第1の点である。これは、先述

の「条件」の問題と重なる。第2は、教師の力量が問われるという点である。アクティブラーニング関連のマニュアル本を見ると学び手に対する指示が多い。しかし、教師からの一方的な細かい指示が多ければ学び手の主体性や能動性が損なわれる。かといって指示を少なくすれば、学びや成果の差になって現れるかもしれない。こうした微妙な調整を絶えず行わなければならないのがアクティブラーニングの実践であり、教師の力量を高めるための対策が必要であるにもかかわらず、そのための手当が十分なされているとはいいがたいことを小針（2018）は指摘している。第3の指摘はアクティブラーニングの限界についてである。この指摘の本質は、教育の場に自己規制や忖度がたえず存在しうるという点にある。たとえば、児童・生徒・学生が「深い学び」に到達し、政府見解に反する関心や意欲をもち、それを表現しようとするときに、学校、行政、政府はその事態を許容しうるかという問題に連なる。アクティブな学びによって事柄の本質についての洞察が得られるようになると、従来の枠組みを超える理解が生じうる。そうした可能性を保障するためには、学級や学校あるいは社会全体が多様な意見や発言を尊重する社会にならなければならない。しかし、現状はそうなっておらず、自己規制や忖度などの限界に縛られているのである。第4の指摘は内発的動機づけの限界についてである。アクティブラーニングは学び手が意欲をもって主体的に参加しなければ成り立たないものである。しかしながら、内発的動機が十分喚起され、すぐれた達成をなしうる学び手だけではなく、むしろ学びへの意欲がそもそも乏しい学び手も教室には存在しうるのである。そうした学び手をいかに動機づけるかについては、教員に委ねられているような主張が散見されるが、この問題の解決は容易ではなく、教員にのみ責任を負わせれば済む問題でないのは明らかである。

　こうした課題をふまえて小針（2018）は、アクティブラーニングの理想と現実を区別し、理想に現実が追いついているかどうかをよく検証すべきだと主張しているのである。

なお、もう1点、小針（2018）の主張で重要な点についてふれておきたい。それは、アクティブラーニングのもつ政治性についてである。すなわち、時の政府に都合のよい道徳観や歴史観、社会観のみが提示されたときに、それらを積極的に受容し自発的に従わせていく学びにアクティブラーニングが利用されうるという問題である。社会的条件や環境がそろえば、多くの人が主体的に従属してしまう集団心理は容易につくられてしまう[4]。主体性・自発性がこのような形で利用されるリスクについて、警戒しておかなくてはならないのである。

　ここまで田上（2016）と小針（2018）の論考をたどることで、文部科学省によって提起されたアクティブ・ラーニングあるいは主体的・対話的で深い学びのもつ問題点を明らかにしてきた。ただし両者とも、当然ながら、学習者が主体的・能動的に学ぶためにさまざまな教育的努力がなされることを否定しているわけではない。問題の本質的な点は、主体的な学びが成立するための条件はいつでも簡単に得られるものではないこと、また、主体的な学びのめざす方向は、教育する側の意図や枠組みをも超えうることを許容するべきだという点に集約できる。

［2］大学教育における主体的な学びにかかわる近年の議論

　本節では、特に大学教育における近年の議論として、溝上（2014）ならびに松下（2015）の考え方の要点を検討する。それぞれの執筆当時までに、両者はともに京都大学高等教育研究開発推進センターの一員として、大学における主体的な学び（アクティブラーニング）の在り方について積極的な発言を続けてきており、両者の主張は大学における主体的な学びの問題を検討する上で重要な参照点を提供するものと考えられる。

① 溝上 (2014) によるアクティブラーニング論

いかに定義するか

　近年の議論の最初に紹介するのは、溝上 (2014)『アクティブラーニングと教授学習パラダイムの転換』に記されたアクティブラーニング論である。彼は、「これだけアクティブラーニングが普及しつつも、大学教育改革の関係者や現場の教員に依然として混乱を招いているのは、『アクティブラーニングとはそもそも何なのか』という概念定義であり、その定義と教授学習の技法やデザインとの理論的関連である」(溝上, 2014, p. ii) と指摘しており、同書において、そうした混乱を整理し理論的な概説を行うことが企図されている。

　溝上 (2014) によるアクティブラーニングの定義は以下の通りである。

> 　一方向的な知識伝達型講義を聴くという（受動的）学習を乗り越える意味での、あらゆる能動的な学習のこと。能動的な学習には、書く・話す・発表するなどの活動への関与と、そこで生じる認知プロセスの外化を伴う (p.7)。

　簡潔な定義であるが、簡潔であるだけに、誤解を生じないようその含意を確認しておかなければならない。定義の前半と後半に分けて、整理しておこう。

　前半部のなかで、「一方向的な知識伝達型講義を聴く」ことは受動的だとみなされている。このことに関する説明の中で、溝上 (2014) は、講義を聴くこと自体、行為としては能動的ではあるが、学習の相対的な特徴を形容するための基準化として、受動的であると操作的に定義したのだと述べている。その理由は、教えるから学ぶへのパラダイム転換を際立たせるためであり、講義を聴くことを受動的であると位置づけることで、相対的により能動的な学びをアクティブラーニングとして位置づけることができるからである。では、相対的に能動的であると位置づけられるア

クティブラーニングとはどのような特徴をもつものなのか、その点については定義後半部に記述されている。すなわち、「書く・話す・発表するなどの活動への関与と、そこで生じる認知プロセスの外化を伴う」ものが、能動的な学習とみなされるものである。「書く・話す・発表する」などは、一方向的な知識伝達型授業を「聴く」という「受動的な」学びを乗り越えるための代表的な活動例として示されているのである。

　ここで注意しておくべきなのは、この定義では活動することをもってアクティブラーニングだと言っているように誤解されかねない点である。そうではなく、活動することと認知プロセスが生じることとはセットであるというのが、この定義の重要なポイントである。ちなみに認知プロセスとは、知覚・記憶・言語、思考（論理的／批判的／創造的思考、推論、判断、意志決定、問題解決など）というような心的表象としての情報処理プロセスのことである。こうしたポイントについて、溝上（2014）は、「活動させればそれで良しというような、認知機能が知識と絡み合ってどのように働いているかまで目が向かないアクティブラーニングの実践が少なからずあるし、〈中略〉アクティブラーニングには、〈中略〉社会の変化への対応として、認知機能の育成、すなわち技能・態度（能力）の育成という課題も込められている。これらのことをふまえて、定義では二重表現を採って、活動への関与と、活動に関連する認知プロセスの外化、その十分な協奏を強調している」（p.10）と述べているのである。

　ちなみに、定義の前半部「一方向的な知識伝達型講義を聴くという（受動的）学習を乗り越える意味での、あらゆる能動的な学習のこと」というように、「あらゆる」という語を用いて、アクティブラーニングをもっとも広義に定義している。これは、学生が少しでも能動的な学びができるのであれば、それをもアクティブラーニングと捉えることで、より多くの教員がそうした工夫や取り組みに踏み出すことを促すねらいがある。溝上（2014）は、たとえば、従来型の一方向的な講義に加えて授業の最後の5分で学生に授業の感想を書かせたり、あるいは授業中に1問理解を

問うクイズを入れたりするようなことでも、「学生が、ただ講義を聴くという状態を少しでも脱却するものなら、なんだってよいと考えるのである」（p.11）と、述べている。

ただし溝上（2014）は、何にポジショニングするかという観点から、アクティブラーニングを「受動的な学び」に少しでも能動的な要素を増やすレベルと「能動的な学び」が主となるレベルの2つに分けて考える見方を提示している。従来型の「教員から学生への一方向的な知識伝達型の授業」における「受動的な学び」を少しでも乗り越えるというレベル（構図A）と、「受動的な学び」を乗り越えることは当たり前になっており、「能動的な学び」のポイントが積極的に特定されようとするレベル（構図B）とが区別され、構図Bのようなアクティブラーニングによってこそ「学生の学びと成長」がはかられること、また、構図Bに相当するアクティブラーニングは現代社会からの要請でもあることを指摘しているのである。

なぜアクティブラーニングか

アクティブラーニングは、なぜ大学教育において求められるようになったのか。それについて溝上（2014）は、大学教育に根ざした理由として教授学習パラダイムの転換を、また大きな背景として社会の変化を、それぞれ理由としてあげている。

まず、第1の理由をみてみよう。米国において学生の学びと成長を大学教育の目的として位置づけるためには、教えることから学ぶことへの転換が必要であるとの議論が、既に1960年代になされていた。ただし、こうした早い時期からの主張は、学生を一人前の大人にすることをめざしたかつてのカレッジ教育の在り方を念頭においてのものだった。米国では、こうした議論が底流にありつつも、直接的なパラダイム転換の原因となったのは、高等教育の大衆化である。高等教育の大衆化によって、学生の多様化、異なる動機、希薄な問題意識、結果としての教育の困難が生じたのである。1980年代には、そうした困難に対処するため、米国の多くの大学で、

「どのように教えるか」が重要な課題として浮上するようになった。米国の国立教育研究所が1984年に『学習への関与』レポートを公刊し、その中で教えることから学ぶことへのパラダイム転換に相当する考え方が提唱されたのは、前述したような状況が背景にあったからである。

　次に、アクティブラーニングが求められた第2の理由をみてみよう。それは、社会の変化であり、技能・態度（能力）としてまとめられるコミュニケーションや思考力などの育成が、変化の激しい現代社会に適応するために切実に求められるようになってきたからである。これは、学校から仕事・社会へのトランジションの問題でもある。今日、大学教育の成果として求められるものとして、学士力やOECD-DeSeCoプロジェクトでまとめられたコンピテンシー、チューニングプロジェクトで検討されたコンピテンスなどが例示されている。溝上（2014）は現代社会を検索型の知識基盤社会と捉え、それがアクティブラーニングに突きつける課題を、情報・知識リテラシーとでも呼ぶべきものを身につけることと想定している。そして、情報・知識リテラシーは、情報リテラシー（情報を収集・検索・選択・共有・マネジメント・活用・編集・発信する能力、ならびにそれらの作業を効率的・能率的に進めるための認知的な処理能力）を基礎としつつ、①情報の知識化、②知識の活用、③知識の共有化・社会化、④知識の組織化・マネジメント、といった諸能力により構成されるものである。

　この情報・知識リテラシーを獲得することに適合的なのがアクティブラーニングであること、またアクティブラーニングをはじめとする学習パラダイムにもとづいて、こうした情報・知識リテラシーの獲得をめざすべく大学教育の様々な側面を改革していく必要があるというのが、溝上（2014）の主張と言ってよいであろう。

② 松下（2015）のディープ・アクティブラーニングの考え方

　大学教育における主体的な学びにかかわる近年の議論を検討する上で、溝上（2014）の議論は包括的であり、最低限おさえておくべき基本的な

展望を与えてくれるものと考えられる。そうした議論に付け加える形で、松下（2015）のディープ・アクティブラーニングの考え方についても紹介しておきたい。

　松下（2015）の中心的なメッセージは極めてシンプルである。すなわち「大学での学習は単にアクティブであるだけでなく、ディープでもあるべきだ」（p.1）というものである。

　松下（2015）は、アクティブラーニングとは何かについて、Bonwell and Eison（1991）による「学生にある物事を行わせ、行っている物事について考えさせること」という定義を採用するとともに、彼らの示す5つの特徴点（下記(a)～（e））にさらに1つの特徴点（下記(f)）を加えて、以下のような6つの特徴点をあげている。

(a) 学生は、授業を聴く以上の関わりをしていること
(b) 情報の伝達より学生のスキルの育成に重きが置かれていること
(c) 学生は高次の思考（分析、総合、評価）に関わっていること
(d) 学生は活動（例：読む、議論する、書く）に関与していること
(e) 学生が自分自身の態度や価値観を探求することに重きが置かれていること
(f) 認知プロセスの外化をともなうこと

　こうした定義や特徴点の指摘は、溝上（2014）による定義や特徴づけと基本的なところで共通するものだと言ってよい。

　さて松下（2015）は、アクティブラーニングを導入しても未解決のまま残っている問題として、以下の3点をあげている。第1は、知識（内容）と活動の乖離である。アクティブラーニングでは、ともすると活動に時間を取られてしまい、知識（内容）の獲得が疎かになることがありうる。高次の思考のためには、当然、知識（内容）が必要であるが、活動と知識（内容）の獲得とはどのように両立できるかという問題が生じているのである。

第2は、能動的な学習をめざす授業のもたらす受動性である。アクティブラーニングでは、活動が構造化され、学生を活動に参加させる力が強く働くだけに、かえって学生は自らの意思で活動に参加するかどうかの決定を求められなくなる。さらに、グループ活動が採用される場合には、個々の学生の責任が曖昧になってしまう場合がある。学生が真に能動的に学ぶためにはどうすればよいかという問題である。

　第3は、学習スタイルの多様性への対応である。何らかの外的な活動をともなうのがアクティブラーニングであるが、それを好まない学生も存在する。そうした学生をも排除せず、学生の多様な学習スタイルを考慮できているかという問題である。

　指摘されたこれらの問題点は、「②提起に対する批判的検討」（P.17〜）でふれた田上（2016）や小針（2018）の批判的論点とも共通するところがあるものといえる。

　ディープ・アクティブラーニングは、特に第1の問題を中心に、アクティブラーニングを再構築していこうとするものだと松下（2015）は位置づけている。では、ディープであるとはどういうことか。それについて松下（2015）は、深い学び、深い理解、深い関与、の3つの「深さ」の系譜を整理し、そのいずれもがアクティブラーニングには重要であると捉えている。その中でも、深い関与はアクティブラーニングを発展的に再構成する上で、重要な概念装置であると考えられるので、ここで紹介しておきたい。

　バークレー（2015）によると、大学授業における学生の関与は、「ある連続体上で経験され、動機づけとアクティブラーニングの間の相乗的な相互作用から生み出されるプロセスとプロダクト（産物）である」（p.65）と定義される。すなわち、関与は浅いものから深いものまでの連続体を構成し、アクティブラーニングと動機づけとの相互作用によって生み出されるものだと捉えられるのである。ここで重要な第1の点は、動機づけが主題化されていることである。学生が能動的に学ぶためには強い学びへ

の動機づけが必要であることはいうまでもないが、アクティブラーニングに深い関与を位置づけることで、情意面への着目が求められるようになることは重要な点である。第2に、深い関与にもとづく捉え方では、アクティブラーニングは、身体的に活発な学習よりも知的に活発な学習と捉えられるという点である。バークレー（2015）がアクティブラーニングを「頭（mind）がアクティブに関与していること」と定義していることも、深い関与の観点ゆえであることを考慮すれば納得できる。

　まとめるならば、ディープ・アクティブラーニングが提唱するのは、アクティブラーニングにおいて、外的活動における能動性を重視するあまり、おざなりになりがちな内的活動における能動性に正当な位置を与え、そのことによってアクティブラーニングを再構成していこうとすることである。そして、そのために必要とされる構成要素として、とりわけ深い関与を重視するものだといえる。

③ アクティブ・ラーニングと民主主義 − 渡部（2020）の捉え方

　本項では、広く学校教育全体を見渡して主体的な学びの在り方を論じた渡部（2020）の『アクティブ・ラーニングとは何か』における主張を検討したい。この文献を取り上げた理由は、出版が2020年1月21日であるため、比較的最近までの議論がよくカバーされていることに加え、問題の扱い方が社会の在り方までを射程に入れているからである。

　渡部（2020）は、執筆にあたって必ずしも教育を専門としない人々を読者対象として想定した。その点が、アクティブ・ラーニングや主体的な学びをタイトルに含む多くの書籍と異なるところである。一般の人々を読者として想定した本を書いた理由を渡部（2020）は、「それぞれの時代の授業スタイル（教授定型）が、その時代を生きる教師や子どもたちの知のあり方だけでなく社会のあり方にまで影響を及ぼす、と考えているからだ」と説明している。その理由に関連して、2つの事情が述べられる。ひとつは、人生の時間に占める授業時間の比重の大きさである。それゆえ、

授業の体験が、人々の知性だけではなく感性や身体性をも規定するのである。もうひとつの事情が、授業スタイルと社会の在り方との切り離しがたい関係である。授業の在り方は次世代の市民形成にも連動する。渡部（2020）は、アクティブ・ラーニングがこれからの日本の民主主義の在り方にかかわると主張している。

　では、アクティブ・ラーニングはどのように民主主義の在り方にかかわるのだろうか。民主主義は、思想、制度、手続きと運用という3つの側面からなる。思想と制度を知的に理解しても、市民として民主的に行動するためには手続きと運用に習熟していく必要がある。アクティブ・ラーニングの経験は、参加型民主主義の運用経験に通じているとするのが渡部（2020）の主張である。

　こうした主張は、どのような理路による帰結であろうか。渡部（2020）の考えの筋道をたどろう。アクティブ・ラーニングによって学習者は、①プロジェクトの運営への参画、②チームの活動への貢献、③視野の広がり、④コミュニケーションの大切さへの気づき、⑤自己の特質への気づき、といった達成感をともなう豊かな学びの経験を通じて学びの作法を身につけた自立的学習者へと成長する道をたどってゆく。自立的学習者へと成長してゆくことは、市民社会を支える自律的市民としての資質形成にもつながるものと考えられる。なぜなら、「若者たちが、繰り返しリサーチワークに取り組むことで、知の更新の仕方はもちろん、知の枠組みそのものを問い直す批判的理性を獲得していくことになるし、同様に、グループワークへの参加を重ねることで、合意形成など社会性の獲得にもつながる構造になっている」（渡部, 2020, pp.184-185）からである。

　このようなアクティブ・ラーニングが学校教育の中に根づいてゆくために必要なこととして、渡部（2020）は、一人ひとりの市民が当事者意識をもって教育と向き合うこと、すなわち教育に関心をもつこと、理解を深めること、行動に移すことという3つのレベルでのサポートを行うことが求められると説いている。

3

主体的な学びが成立している事例から学ぶ

　ここでは、大学を含めた諸学校の授業という制度的な枠組みからいったん離れ、主体的な学びが実質的に成立していると考えられる2つの例を取り上げ、それがどのようなものであり、どうして主体的な学びが成立しているのかについて整理を試みる。ここで取り上げるのは、ひとつはワークショップであり、もうひとつはサドベリー・バレー校である。

1 ワークショップ

　『ワークショップ—新しい学びと創造の場』の著者である中野民夫によれば、ワークショップとは「先生や講師から一方的に話を聞くのでなく、参加者が主体的に論議に参加したり、言葉だけでなくからだやこころを使って体験したり、相互に刺激し学び合う、グループによる学びと創造の技法」（中野, 2001, p. ii）のことである。技法といっても、確立された手続きが決まっているわけではなく、さまざまな源流があり、分野も多岐にわたっている。本章でワークショップを取り上げた理由は、それが、人々の主体的な参加ならびに相互の刺激し合いと学び合いの場を提供するものだからである。ワークショップにおいて、主体的な学びがどのようにして成立しているかを探っていきたい。

　ワークショップの特徴とはいかなるものであろうか。中野（2001）は、ワークショップのことを「参加体験型のグループ学習」と呼んでいる。言い換えると、ワークショップには、「参加」「体験」「グループ」という語でそれぞれ表される特徴をもっているのである。まず、3つのキーワードに沿って、ワークショップの特徴を整理する。

　はじめに、「参加」についてみていこう。ワークショップでは、双方向

的な「参加型」の学びが大切にされる。そもそも、多くのワークショップは、自発的に参加してきている人によって構成されることが多いので、学びへの高い動機づけをもつ人々が集まっており、積極的な参加の条件があるといえるだろう。また、参加者の積極的な参加なしには、ワークショップは成り立たない。しかしながら、積極的な参加は強制ではない。やりたくないことはやらない自由が確保されていることも含めて「主体性」が尊重されるのである。また、参加には、自分の言動によって場を動かすことを知るという意味も含まれている。ともあれ、参加型学習という特徴はワークショップの中核的な意義をもつ点であると考えられるのである（広石, 2005）。

　次に「体験」について。通常、学習は主として知識の獲得あるいは知性の働きだと捉えられることが多い。しかしワークショップでは、知性だけでなくからだを使い、時には感情にふれたり直観・霊性をも動員したりする、ホリスティック（全体包括的）な学びという特徴をもつ。つまり、ホリスティックな体験が重視されるのがワークショップの特徴なのである。また、単に体験すればよいというわけではなく、体験を個人でふりかえることや他者と共有すること、さらに自由に話し合う中で学びを深めるといった、体験からの学びを真に意味あるものにするための過程が重視されているのである。

　最後に「グループ」について。ワークショップでは、1人や2人ではない集団での相互作用の中で学び合う。その際、先生と生徒のような関係ではなく、参加者一人ひとりが対等な関係で学びの場を構成することが重視される。相互作用においては、各々の参加者が率直な発言を行うことが奨励される。それとともに、人の話を深く聞くこと、共感的に理解しようとして傾聴することが求められる。ワークショップとは、「その中で安心して成長したり生まれ変わったりできるゆりかご」（中野, 2001, p.143）とも説明されるが、そうした成長の場を保障するものこそ、お互いが傾聴し合う真摯な姿勢なのである。

先述した3つの点以外にも、ワークショップにはさまざまな特徴があるが、ここではそうした諸特徴の中でも重要なものとして、「プログラムの基本構成」ならびに「ファシリテーター」についてもふれておきたい。

　ワークショップも学びの場である以上、一定の時間範囲の中に位置づけられる。その中で参加者の意義ある学びがなされるように、ワークショップにも構造が必要となる。そうした「プログラムの基本構成」は、「導入」→「本体」→「まとめ」というのがもっともシンプルかつ一般的である。1日で終わる場合は、この構造で完結するが、数日にわたる場合には、1日ずつにこうした流れが必要になり、さらに数日全体でも一定の構造が求められることになる。ちなみに、講義や講演とは異なり、ワークショップは短くても1日以上かけることが望ましいとされる。なぜなら、先述した「参加」「体験」「グループ」という特徴を活かした真に実りある学びに到達するためには、ある程度の長さの時間をかける必要があるとされているからである。なお、「意図した結論を押しつけたり、初めから落としどころを決めつけているようでは、よいワークショップとはいえない」（中野, 2001, p.145）と指摘されている。ある程度余裕のある時間の流れの中で、参加者自らが体験を通じて得たものを、自らふりかえり、また他者とも共有しながら、新たな学びを紡いでいくことがめざされているといえるだろう。

　ワークショップには、プログラムを回していく重要な役割を担う人として、ファシリテーターがいる。従来型の教育における「先生」に代わって、参加者主体の学びを促進し、容易にする働きを担う。「先生」とはちがって、参加者と同じレベルの水平的な存在で、しかも全体をよく見て、場のエネルギーを活性化させる役割を担うものである。

　以上、ワークショップのいくつかの重要な特徴について概括した。これだけからでも、ワークショップが主体的な学びを成立させうるさまざまな条件を備えていることがわかる。

　なお中野は、豊かな学びの場の創造を促す働きを「ファシリテーション」

と呼び、既存の教育の場などにも活かしていくことを提唱するとともに、自ら教育の場で実践している（中野, 2003; 2017）。大学教育の改善とかかわっては、ファシリテーションについてもふれておくべきであるが、紙数の制約と筆者の準備不足とから、本書で十分な議論を展開することがかなわない。この点については他日を期したい。

[2] サドベリー・バレー校

　本書でサドベリー・バレー校を取り上げる理由は、そこに集う人たちにとっての主体的な学びを一つの典型的な形で実現していると考えられるからである。人間、その中でも、とりわけ子どもは、本来、学ぶことに動機づけられやすい。その源泉は好奇心だ。しかし、制度的な教育の中では、学びを駆動する力である好奇心は本質的にはあまり重視されておらず、主体的な学びは成立しがたい。サドベリー・バレー校は、1968年の設立以来、一つの「学校」として、一貫して主体的な学びを追求し、それを実現してきたと考えられるのである。

　では、サドベリー・バレー校とはどのようなものか。同校の創設者のひとりであり、同校の実践や理念について多くの著書があるDaniel Greenbergの記述（Greenberg, 1995/1996）や同校のことを紹介した文献（Gray, 2013/2018; 大谷, 2000）にもとづき、ここで概説しておこう[5]。

　サドベリー・バレー校は、1968年にDaniel Greenbergら4人によって創立された。創立者の中心人物であるGreenbergは1960年代初頭には、コロンビア大学で物理学や科学史を教える准教授であった。しかし彼は、コロンビア大学のような名門大学ですら、学生たちは必要最低限のことを学んでいい成績を取ることに関心があるだけという状態であることに対して、教育者として深く悩んでいた。そしてある時、意を決して、大学の教授職を辞し、理想の教育を求めてマサチューセッツ州フラミンガム市（ボストン市の西約30km）のサドベリー・バレーに新しい学校を設立したので

ある。

　同校は、林に包まれた住宅街の中に位置し、10エーカー（およそ200m四方）の広さの敷地の中には、19世紀に建てられた邸宅（主要な校舎として使用）や納屋、芝生や茂み、川や池などがある。そこに、4歳から19歳までの生徒が通ってくる。Gray（2013/2018）によれば、生徒数は130〜180人、スタッフは9〜11人である。

　同校の教育哲学、信念をGreenberg自身が簡潔に表現している。「子どもたちは、人間性の本質である生来の好奇心に衝き動かされることで、自分を取り巻く世界に分け入り、それを我がものとしていく途方もないエクササイズを続ける努力家である」（Greenberg, 1995/1996, 邦訳p.14）。

　こうした教育理念は、同校の特徴を集約するものでもある。同校の特徴の主要なものをあげれば、まずカリキュラムや時間割がまったくないことがあげられる。そして、テストがなく評価も存在しないのである[6]。

　また、学年も学級も存在しない。子ども同士が教え合い学び合うなど助け合うことを基本とする年齢ミックスの考え方が徹底されている。ただし、生徒の側から希望があれば、「授業」が行われることがある。これは、スタッフや外部の協力者が「教師役」を務めるが、限定された期間に開催され希望する生徒だけが参加するものである。

　入学については、オープン・アドミッションの方針であり、学校共同体の一員になれる自立性と責任のある子どもであれば、年齢、民族的・人種的背景、性別、国籍などは問われない（ただし、受け入れの年齢範囲はある）。1週間の仮入学を経て正式の入学になる。また、保護者に学校のポリシーをよく理解してもらうことが重視されている。創立直後の一時期、一部の保護者の期待と学校の理念や運営との齟齬から、混乱が生じたことへの反省があるようだ。

　同校がデモクラティック・スクールを名乗っているのは、学校が徹底した民主的なコミュニティとして運営されているからである。同校の主要な機関は、週1回開かれる全校集会であり、そこには生徒もスタッフも1人

1票の議決権をもって参加する。話し合われるのは、校則の設定、スタッフの雇用と解雇、重要な予算についての判断など、要するに学校運営にかかわる主な事項はすべてここで扱われるのである。出席は義務づけられていないが、ほとんどのスタッフと多数の生徒が毎回参加している。とはいえ、議題が自分たちに関わりが深いものであれば参加し、そうでなければ参加しないということもありうる。ただし、年1回の翌年度のスタッフを選ぶ総会には、ほとんどの生徒が参加する。これによって、翌年度のスタッフの雇用の基本が決定されるからである。ちなみに、創立者であるGreenbergとその妻のHannaは、創立時より毎年雇用が総会で承認され続けている。

　校則の決定は全校集会で行われるが、その執行は司法委員会（Judicial Committee）によって行われる。メンバーは、スタッフが1人必ず入るほかはすべて生徒によって構成される。参加する生徒のうち2人は司会、他の5人は生徒の全年齢を代表するように選定される。生徒やスタッフが規則を破っていることを他のスタッフあるいは生徒に訴えられた場合、被告人と告訴人は司法委員会に出頭しなくてはならない。司法委員会は両者の証言を聞くとともに、必要があれば他の証拠集めも行って、有罪か無罪かの判断をくだす。多くの場合のケースはどちらかといえば些細な問題である。たとえば静かにしていなければならない部屋で騒いだことで有罪になった場合にくだされる罰は、一定期間当該の場所に立ち入り禁止になるというものである。まれに重大な問題として窃盗、器物損壊、違法薬物の使用などがあり、そうした場合の罰は停学であることが多い。ただし、何度も繰り返される場合には退学もありうる。

　同校のスタッフは、雇用されている学校コミュニティの大人のメンバーである。その役割は、一般的な教師のイメージには当てはまらない。スタッフの役割には、「生徒たちの安全を確保すること、慰めが必要な生徒を慰めること、（常に全校集会の要請を受けて）学校が効率的かつ合法的に運営されるのに必要な諸々の仕事をこなすこと、外部からの侵害から学

校を守ること、そして彼らのスキルや知識や考えなどを活用したいと思う生徒たちが利用できるリソース（資源）としての役割を果たすこと」（Gray, 2013/2018, 邦訳p.119）などが含まれる。

　こうした学校で、生徒たちはどのように学んでいるのだろうか。同校の生徒たちも、読み・書き・算数といった基礎的な学力にかかわる知識・技能を学んでいる。ただし、あくまで自分のペースで、本人が必要性を感じたとき、あるいは興味をもった時に学ぶのである。もちろん、基礎的知識や技能に限らず、本人が興味をもったことは何であれ本人の意志で学んでいく。生徒は他の生徒やスタッフから学ぶほか、校舎内のあちこちに配置された本から学び、また自分でパソコンからインターネットを検索して学ぶのである。また、子どもたちは校外に出てよいので、実地にいろいろなことを経験することによって学ぶ。さらに、特定のことに興味をもって自分で練習を重ね、さらにスタッフにアドバイスを得て技能を獲得しても飽き足りなくなった場合には、外部の専門家に弟子入りして徒弟として学ぶこともある。同校は、教育方法としては極めてユニークであるが、さまざまな経路を通じて外部社会とつながり、そこをも学びの場としているのである。つまり、サドベリー・バレー校における学び手は、自らの好奇心に衝き動かされ、自らの責任における選択によってさまざまな方法を駆使して学んでいるのである。本質的に自由で主体的な学びを実現していると言ってよいだろう。

　サドベリー・バレー校は通常の学校とはまったく異なる学び方を実践している学校である。それだけに、同校での経験が、その後の進路にどのような影響を与えているかは興味あるところである。これまでに３回、卒業生の状況について調査が行われているが、卒業生たちのその後の社会生活への適応は概して良好であることが示唆されている（Gray, 2013/2018）。その最初の調査は、同校に息子を通わせていたボストン・カレッジの心理学者であるPeter Grayが、息子の将来への懸念を背景に主導して実施したものである（Gray and Chanoff, 1986）。その調査によると、高等教育

をめざした卒業生のほとんどが希望大学に進学しており、またそうした卒業生たちは大学での学業に特に苦労していないと答えている。さらに、進学しなかったものを含めて、それぞれ自分の興味ある職業についており、しっかりと生計を立てていたのである。Gray (2013/2018) は、サドベリー・バレー校での学びが卒業生にとって有利になった理由を、以下の4点にまとめている。すなわち、①責任と自律性、②継続的な学びと自分が選択した仕事へのモチベーション、③在学中に獲得した特定のスキルや知識、④権威を恐れないこと、の4点である。

　さて、長くなったのでまとめよう。サドベリー・バレー校の生徒たちは、本質的な意味において主体的に学び、また現実に適切に対処できるようになったという意味で、それぞれの人に合った発達を遂げて卒業するのだと考えられる。

4

全般的考察

[1] 主体的な学びとは何か

　ここまでの作業で、主体的な学びが包含しうる考え方と実践が極めて多様であることが明らかになったと言ってよい。しかし、そこには一定の共通性があり、またカテゴリー区分が可能でもあると考えられる。多様な区分の可能性があるが、ここでは、主体的な学びを3つのレベルに分けることを提案する。レベルを分けることで、各レベルでの主体的な学びとは何かという問いへの答えを整理しやすくなる。

　3つのレベルのうちの2つは、溝上（2014）の提起する2つのポジショニングにもある程度相当するものである。ここでいう第1レベルは、従来の講義型の授業のような「受動的な学び」に少しでも「能動的な学び」

の要素を付け加えている状態である。このレベルの目標は、いくらかでも学び手が能動的・積極的に学ぶようになることである。それに対して第2のレベルは、学びが能動的であることがいわば常態化した学びの状態である。松下（2015）の表現を借りれば、学ぶことへの「深い関与」が生じている状態ということができるだろう。このレベルの目標は、自立した学び手の育成である。

　なお、既存の教育システムを前提にすれば、上記2つのレベル分けで十分である。しかしながら、あえてもうひとつのレベルを想定しておきたい。それは、既存の教育システムを越えたところで生じうる学びのレベルである。本書で、従来の主体的な学びにかかわる議論において、その重要性に比してあまり取り上げられてこなかったワークショップや、まったくと言ってよいほど言及されてこなかったサドベリー・バレー校のことをあえて取り上げたのは、主体的な学びの射程を現実の教育システム内に限定させるのではなく、できうる限り広い射程で捉えたいと考えたからである。ワークショップは元々既存の学校教育とは異なる出自をもった学びのスタイルであり、参加者は自らの意志でそこに集い学びを深めるのである。主体的な選択があり、学びへの高いモチベーションが存在している。サドベリー・バレー校では、カリキュラムも時間割もなく、生徒たちは何を学ぶのも自由である。学びはもっぱら当人の好奇心が駆動する。それゆえ、高い動機づけをもって学ぶ。この第3のレベルを、自由な選択による高いモチベーションにもとづく学びのレベルと呼んでおこう。言葉の本来の意味での主体的な学びのレベルである。

　ここまでで、3つのレベルに分けることで、学びとはどのようなものかについての整理を試みた。次に、主体的な学びとはどのようなものであるべきか、またどのようなものであるべきでないかについて、検討しておきたい。

　主体的な学びとは、ごく単純にいえば、学び手が主体的に学ぶということである。主体的には、積極的・能動的の含意があるとともに、主体

による選択や判断という側面も重要である。主体的な学びが教育の文脈に置かれると、学び手をどのように主体的に学びに向かえるようにするかという教育の方法、あるいは技法のことが課題になる。その際、田上（2016）が指摘するように、提示される教育方法、学び手から見れば学習方法を、学び手が相対化できる回路がなければならないだろう。

　また、小針（2018）が指摘するように主体的な学びが深い学びに到達したことで、従来の考え方とは異なる結論に到達した際に、それを表現することを学級、学校や社会が許容することも大事な点である。

　さらに、渡部（2020）が主張するような、大きな目標としての、民主的な社会を構成する主権者を育成するという観点も、「あるべき」点として付け加えておくべきである。

　あるべきでない点については、ここまで列記したことの否定が、あるべきでないこととして指摘できるが、とりわけ、小針（2018）が危惧する主体的な学びを権威や権力に「自発的に」従属させる方途として政治的に利用することの危険性を強調しておくべきだろう。民主的な社会を構成する主権者を育成するという観点を置き去りにして学び手の能動性を引き出すことのみに特化してしまうならば、主体的な学びの奨励は民主主義を破壊するファシズムの孵卵器にすら転化しうるのである（小針, 2018; Rhue, 1981/1995; 田野, 2020）。

２ 主体的な学びが実現するための条件

　ようやく、主体的な学びが実現するための条件を考察するところまでたどり着いた。主体的な学びについて論じた文献を概観することで、主体的な学びについてさまざまな考え方が存在し、また多様な実践があることが、あらためて浮き彫りになった。前項において、多様な主体的な学びを３つのレベルに分けて捉える見方を提起した。当然、各レベルで主体的な学びを成立させうる条件は異なっているだろう。しかしながら、あ

えてすべてのレベルに共通の条件を抽出するとすれば、それは学びへの
モチベーションである。

　第3のレベルであれば、その高いモチベーションのよってくるところは
わかりやすい。何を学ぶかは、本人の選択によるからである。個人の選
択は学びへの責任と学ぶことの自律性をもたらすであろう。また、特にサ
ドベリー・バレー校に焦点を絞れば、集団としての民主的な意思決定の
経験は他者から学ぶことを容易にする。それはまた、権威を恐れないこ
とにもつながる。教員のいうことを鵜呑みにしないが、敬して遠ざけるの
でもない。必要であれば、学びの資源として利用できる。他者からも自
律的に学び続けられるということ自体、学びへの強いモチベーションの持
続があってのことである。

　第2、あるいは第1のレベルになると、モチベーションにかかわる事情
はだいぶ異なってくる。もちろん、主体的な学びを形成する優れた教育
実践は存在する。そこでは、経験豊富な教員が、適切な技法を的確に用
いて学び手たちの主体的な学びを実現している。こうした実践を可能に
する重要な条件の一つは教員の力量形成であろう。このことについて渡
部（2020）は、学びの演出家としての教員の研修の在り方を提案している。
アクティビティの運用能力の形成に主眼を置いた提案であり、実践的有
用性に富んでいると考えられる。

　教員の力量は教育実践の良し悪しを左右する極めて重要な要因である
ことは確かであるが、とりわけ主体的な学びを実現させるためには、重
要である。しかし、教員の力だけで教育現場における主体的な学びが実
現するわけではない。教員の力量以外のいくつか重要な問題について検
討しておこう。

　1つ目は、主体的な学びをめざす教育実践がかえって受動的な学びを
招来してしまう可能性である。教員によってよくつくりこまれ準備された
実践によって、学び手は能動的に学ぶ機会を得るだろう。しかし、どの
ように学ぶかの枠組みを与えられるのに慣れてしまうと、学び手は学び

方の選択において受動的な構えを形成するかもしれないのである。この問題は、教育方法の定型化や固定化（田上, 2016; 小針, 2018）が生じてしまうとより深刻な問題となる。主体的に参加することが求められる教育機会が増えたにもかかわらず学びに向かう態度はむしろ受け身の傾向が強まったとする学生調査の結果（ベネッセ教育総合研究所, 2018）などは、そうした危惧を裏付けているように思われる。

　2つ目は、学びの技法と学び手とのマッチングの問題である。多くの学び手にとっては素晴らしい主体的な学びを実現する技法であったとしても、中にはそうした技法では主体的な学びに結びつかない学び手もいるだろう。たとえ少数であってもそうした人たちを、排除してはならないことはいうまでもない。

　1つ目と2つ目の問題を解決するための方策として、学び手にとっての選択の権利を保障することや学びの技法を相対化して捉える機会を設けることが考えられるだろう。

　3つ目の問題として、学びの集団の質を上げることができる。主体的な学びは、個人レベルでも生じうるプロセスである。しかしながら、それが豊かに展開されるためには、学び合う仲間が必要である。コミュニティとしての学びの場が求められるのである。

5
今後検討すべき課題

　本章は当初、近年の主体的な学びにかかわる文献のレビューを比較的簡潔にまとめる予定であった。しかしながら、文献の渉猟を進めるうちに、本質的な意味で主体的な学びが成立している状態を措定する必要があるのではないかとの考えが芽生えはじめた。レビューを始めた当初から頭の片隅にあった「今日の教育システムは、時代の大きな転換点に差しかかっ

ているのではないか」という問いかけの比重が、日が経つにつれて大きくなっていったことも、レビューの対象枠を拡大したことに影響している。ともあれ、ワークショップとサドベリー・バレー校について新たに文献を集めて読み込む作業を行うこととなった。本章の中では位置づけがやや落ち着かない感のある第3節「主体的な学びが成立している事例から学ぶ」は、そうした経緯で挿入されることになったものである。

　第3節における作業が、全般的考察において主体的な学びに第3のレベルがあるとのアイデアを生み出すもとになった。主体的な学びの第3レベルは、既存の教育システムの中では実現は困難であり、システムの組み替え、あるいは新たなデザインが求められるものとして位置づけられており、これからの学びへの展望をもたらすものと考えられる。しかしながら、第3のレベルがいかなるものであるかは、残念ながら本章では十分に掘り下げられていない。すでに試論的な提起はなされているが (e.g., Ackoff and Greenberg, 2008/2016)、そうした文献をも参考にしつつ、検討を加えることを今後の課題としたい。

［注］

1）大学生における学びの意欲の低下は米国においても深刻である。本書を執筆するに際して渉猟した文献の中に、筆者の問題意識と重なる記述を見出したので、ここに引用しておきたい。

「10年ほど、私は学部長の仕事をするために授業現場を離れた。1990年代半ばに教室に戻ったとき、授業現場の光景は一変していた。目の前に座っている学生たちはほとんどが、本当はそこにいたくない、とでもいうかのようだった。学生たちを刺激的な議論に巻き込もうとする懸命な努力にもかかわらず、学生たちは全くの無関心か、むきだしの敵意の表情で、私を見ていた。授業が進むにつれて状況はいっそう悪くなっていった。学期が始まって3週間たった頃、私は後任の学部長から、学部長室に呼ばれた。とくに授業に不満を持った数人の学生から寄せられた苦情の

数々を、学部長がリーガルサイズの紙を手にして読み上げるのを、私は呆然としながら聞いていた。私は授業に復帰するのを長い間待ち望んでいたのだが、今ではもうプライドを傷つけられ困り果ててしまっていた。わずか10年前には、授業をうまくやる人気教師だったのに、"旧式のやり方"ではもはやうまくいかないことは明らかだった。退職するには若すぎたので、学生を授業に関与させることを第1の関心事に据えることにした。」（バークレー, 2015, p.58）

2) 「教育課程企画特別部会『論点整理』」（文部科学省, 2015）では、教育方法としてアクティブ・ラーニングが提起されたことに対する懸念や批判があったことについて以下のように述べている。「昨年（2014年：筆者注）11月の諮問以降、学習指導要領等の改訂に関する議論において、こうした指導方法を焦点の一つとすることについては、注意すべき点も指摘されてきた。つまり、育成すべき資質・能力を総合的に育むという意義を踏まえた積極的な取組の重要性が指摘される一方で、指導法を一定の型にはめ、教育の質の改善のための取組が、狭い意味での授業の方法や技術の改善に終始するのではないかといった懸念などである。我が国の教育界は極めて真摯に教育技術の改善を模索する教員の意欲や姿勢に支えられていることは確かであるものの、これらの工夫や改善が、ともすると本来の目的を見失い、特定の学習や指導の『型』に拘泥する事態を招きかねないのではないかとの指摘を踏まえての危惧と考えられる」（p.17）。こうした認識をふまえ、「指導方法の不断の見直し」が提起されている。

3) 小針（2018）の日本学校教育史に関する記述は非常に興味深く、これからの教育を考える上でも参考になるが、紙数の関係から割愛し、ここでの検討は、アクティブ・ラーニングの実践上、運用上、倫理上の課題の考察にかかる論点の整理に焦点化する。

4) この点について小針（2018）は、1969年にアメリカ合衆国カリフォルニア州のある高校で実際に起こった出来事を紹介している。その高校の歴史教師がナチス・ドイツ下の全体主義について体験的に学ばせるために、姿勢、持ち物、教師に対する呼び方、質問の仕方や答え方について細かいルールを作り、軽いゲームのつもりでそれらを守るように指示した。普段の自由な雰囲気に慣れていた生徒たちは、意外にも嫌がるどころか競争するように、また主体的、積極的にルールに従おうとし、新たなルールが希望され、さらにそうした動きはクラス外にまで広がっていった。また、非所属者や批判者への差別や攻撃が見られるようになっていったという。結局、危

険性を察知した歴史教師は、生徒たちの行動がナチスに服従したドイツ国民と同じであることを当時のことを描いた映画を見せつつ説明し、生徒たちも愕然として自分たちの意識や行動に生じた問題に気づいたという。なおこの実話は、小説化され（Rhue, 1981）、映画にもなっている。また最近、ファシズム的な集団の暴走を体験学習によって学ぶ大学教育の取り組みをまとめた書籍も出版された（田野, 2020）。時宜にかなった出版だと言えよう。

5) サドベリー・バレー校のことをまったく知らない人に対して、概説によってその本質的な重要性を理解してもらうことは容易ではないだろう。私自身の経験でも、以前に Greenberg（1995/1996）に触れたときは、興味深い実践だという風にしか捉えられなかった。今回、主体的な学びとはいかにあるべきかという問題意識をもって、同書や関連書籍（Ackoff and Greenberg, 2008/2016; Gray, 2013/2018; Greenberg, 1994/2010; 2000/2008）を渉猟する中で、サドベリー・バレー校とは、今日の教育観、学習観の転換をめざす思想をともなう、きわめてラディカルな実践であることに気づかされたのである。また、理解が容易でないと考えるのは、単に自分が理解しがたかったからというだけではなく、明らかに、今までの教育観や学習観とは異質な考え方に基づく実践だからである。実際、日本においては、翻訳書籍は何冊も出版されているものの、教育に関するアカデミックな研究で正面切って取り上げられたことは私の知る限り極めて少ない（わずかな例外として、大谷（2000）の論評などがあるが）。これは、サドベリー・バレー校がある米国においても同様のようで、同校に子どもを通学させていた心理学者の Peter Gray は、以下のように述べている。「すでに 40 年もの間、サドベリー・バレーはアメリカ教育界においてもっともよく守られてきた秘密です。ほとんどの教育学を学ぶ学生も、その存在を知りません。教育学の教授が無視し続けるからです。悪気があってそうしているのではなく、自分の教育的な枠組みの中に受け入れることができないからです」（Gray, 2013/2018, 邦訳, pp.116-117）。人間は、自分の考え方の枠組みに合わないものを理解するのは難しい。理解するには、枠組みそのものを変えなければならないからである。

6) サドベリー・バレー校では基本的にテストも評価も存在しないが、2 つの例外がある。ひとつは高価なあるいは危険な道具や設備を使う場合、それを適切に使えることを実地に証明し校内での「資格」を得なければならないことである。もうひとつは、卒業証書が欲しい場合に、自分がなぜ卒業する準備ができたのか、学校の外で責任ある社会人としてふるまうためにどのような準備をしたのかを説明する論文を書き、

評価を受けなければならない。なお、論文は同校の基本的な考え方に精通した外部の評価者によって評価を受ける（Gray, 2013/2018, 邦訳 p.121）。

―――――――――――――――――――［引用文献］―――――――――――――――――――

- Ackoff, R. L., & Greenberg, D.（2008）*Turning learning right side up: Putting education back on track.* Prentice Hall.（呉春美・大沼安史（訳）（2016）『逆転の教育－理想の学びをデザインする』緑風出版）

- バークレー,E. F.（2015）松下佳代（訳）「関与の条件―大学授業への学生の関与を理解し促すということ―」松下佳代・京都大学高等教育研究開発推進センター（編著）『ディープ・アクティブラーニング－大学授業を深化させるために』勁草書房，58-9

- Bonwell, C. C., & Eison, J. A.（1991）Active learning: Creating excitement in the classroom. ASHE-ERIC Higher Education Reports. <https://files.eric.ed.gov/fulltext/ED336049.pdf>（2020年6月3日閲覧）

- ベネッセ教育総合研究所（2015）「『第5回学習基本調査』報告書［2015］」<https://berd.benesse.jp/shotouchutou/research/detail1.php?id=4862>（2020年5月16日閲覧）

- ベネッセ教育総合研究所（2018）「第3回 大学生の学習・生活実態調査報告書」<https://berd.benesse.jp/up_images/research/000_daigakusei_all.pdf>（2020年5月9日閲覧）

- Gray, P.（2013）*Free to LEARN: Why unleashing the instinct to PLAY will make our children happier, more self-reliant, and better students for life.* Basic Books.（吉田新一郎（訳）（2018）『遊びが学びに欠かせないわけ－自立した学び手を育てる』築地書館）

- Gray, P., & Chanoff, D.（1986）Democratic schooling: What happens to young people who have charge of their own education? *American Journal of Education,* 94（2），182-213

- Greenberg, D.（1994）*Worlds in creation.* Sudbury Valley School.（大沼安史（訳）（2010）『自由な学びとは－サドベリーの教育哲学』緑風出版）

- Greenberg, D.（2000）*A clearer view: new insights into the Sudbury School model. The thirtieth anniversary lectures.* The Sudbury Valley School Press.（大沼

安史（訳）（2008）『自由な学びが見えてきた～サドベリー・レクチャーズ～』緑風出版）

● Greenberg, D. (1995) *Free at last: The Sudbury Valley School.* Sudbury Valley School Press.（大沼安史（訳）（1996）『「超」学校－これが21世紀の教育だ』一光社）

● 広石英記（2005）「ワークショップの学び論―社会構成主義からみた参加型学習の持つ意義―」『教育方法学研究』31, 1-11

● 小針誠（2018）『アクティブラーニング－学校教育の理想と現実』講談社

● 国立教育政策研究所（2016）「平成28年度全国学力・学習状況調査の結果（概要）」<https://www.nier.go.jp/16chousakekkahoukoku/16summary.pdf>（2020年6月3日閲覧）

● 松下佳代（2011）「『主体的な学び』の原点―学習論の視座から」杉谷祐美子（編著）『リーディングス 日本の高等教育2 大学の学び 教育内容と方法』玉川大学出版部,355-362

● 松下佳代（2015）「ディープ・アクティブラーニングへの誘い」松下佳代・京都大学高等教育研究開発推進センター（編著）『ディープ・アクティブラーニング－大学授業を深化させるために』勁草書房, 1-27

● 松下佳代（2016）「資質・能力の形成とアクティブ・ラーニング―資質・能力の『3・3・1モデル』の提案―」日本教育方法学会（編）『教育方法45 アクティブ・ラーニングの教育方法学的検討』図書文化社, 24-37

● 溝上慎一（2011）「学生を能動的学習者へと導く講義型授業の開発－学生の内面世界のダイナミックスをふまえた教授法的視点」杉谷祐美子（編著）『リーディングス 日本の高等教育2 大学の学び 教育内容と方法』玉川大学出版部, 251-266

● 溝上慎一（2014）『アクティブラーニングと教授学習パラダイムの転換』東信堂

● 文部科学省（2012）「未来を創出する大学教育の構築に向けて～生涯学び続け、主体的に考える力を育成する大学へ～（答申案）」<https://www.mext.go.jp/b_menu/shingi/chukyo/chukyo4/siryo/__icsFiles/afieldfile/2012/08/14/1324511_1.pdf>（2020年5月9日閲覧）

● 文部科学省（2015）「教育課程企画特別部会『論点整理』」<https://www.mext.go.jp/component/b_menu/shingi/toushin/__icsFiles/afieldfile/2015/12/11/1361110.pdf>（2020年5月14日閲覧）

● 文部科学省（2017）「平成29・30年改訂学習指導要領のくわしい内容」<https://

www.mext.go.jp/a_menu/shotou/new-cs/1383986.htm#section5>（2020 年 5 月 9 日閲覧）

● 中野民夫（2001）『ワークショップ－新しい学びと創造の場』岩波書店

● 中野民夫（2003）『ファシリテーション革命－参加型の場づくりの技法』岩波書店

● 中野民夫（2017）『学び合う場のつくり方－本当の学びへのファシリテーション』岩波書店

● 大谷尚（2000）「あるフリースクールの学校文化の検討―サドベリバレー・スクールでの観察と面接にもとづく分析―」『名古屋大学大学院教育発達科学研究科紀要（教育科学）』47（2），62-78

● Rhue, M.（1981）*The wave.* Dell Publishing.（小柴一（訳）（1995）『ザ・ウェーブ』新潮社）

● 田上哲（2016）「教育方法学的立脚点からみたアクティブ・ラーニング」日本教育方法学会（編）『教育方法45 アクティブ・ラーニングの教育方法学的検討』図書文化社，10-23

● 田野大輔（2020）『ファシズムの教室－なぜ集団は暴走するのか』大月書店

● 渡部淳（2020）『アクティブ・ラーニングとは何か』岩波書店

主体的な学びの「主体的」を英語でどう表現するのか

「主体的な学び」の「主体的」を英語でどう表現するかが、このコラムのテーマである。もともと文部科学省がアクティブ・ラーニングと言っていたものを、のちには「主体的・対話的で深い学び」と別の表現を使うようになったが、active は単純に「主体的」に置き換えられるものではない。そこで、大学教育を扱った近年の学術論文において、主体的な学びがどのように英訳されているかから、主体的な学びがどのように捉えられているかを探ってみた。やや些末なことと思われるかもしれないが、重要な用語の意味をどのように位置づけるかは、それなりに重要な意義があるものと考えられるのである。

なお、ここで検討の対象とするのは、筆者の興味・関心にもとづき収集してきた主として大学教育における「主体的な学び」を扱った比較的近年（2012年の質的転換答申以降）の学術論文や学会発表であり、必ずしも広く網羅的な検索を行ったものではないことをあらかじめお断りしておきたい。

さて、論文タイトルの英訳から「主体的」の語がどのような英単語に置き換えられているかを出典とともに列記したものが以下の表である。

手元にある論文の中で主体的の語に相当する英訳でもっとも多かったのは、

表コラム 1-1「主体的」の語に相当する英単語と掲載論文

「主体的」の英訳	掲載論文
active	畑野他（2013）、畑野他（2014）、吉田他（2013）
proactive	國分他（2015）
subjective	広石（2017）
independent	市村（2019）
autonomous	小口他（2015）
interactive	杉浦他（2019）

やはりactiveであった。文部科学省によるアクティブ・ラーニングの提唱以前から、大学教育において、学生の主体的な活動を位置づける学びのスタイルとしてアクティブ・ラーニングの語が使用されていたし、また2012年の文部科学省による質的転換答申でアクティブ・ラーニングが使われたことにより、この語は大学教育改善の重要なキーワードになった。それゆえ、「主体的な学び」に対応する訳語としてactive learningが用いられるのは、当然ともいえよう。

　しかしそれにもかかわらず、active以外のさまざまな語が用いられている。なお、たまたまかもしれないが、active以外の語が用いられているのは、すべて2015年以降の論文である。2015年は、それまで文部科学省が提唱していたアクティブ・ラーニングの語が主体的・対話的で深い学びに置き換えられた年である。そのことが、active以外の語が採用されるようになったことに影響しているのかもしれない。

　以下、active以外の英単語について検討するとともに、なぜその語を用いたかを各論文の論旨から推測していきたい。

　まず、proactiveの語であるが、辞書によれば積極的という意味が代表的なものである。國分他（2015）は、初年次教育科目「基礎演習」を学生の主体的な学びを促進する科目としてどのように開発してきたかを報告しており、その中で言及される主体的学修は、受講生を対象として実施された質問紙によって測定されたものである。主体的学修に関する質問項目は「興味のあることは自分で調べてみる」「いろいろなことを学ぶのは楽しい」「自分なりに計画や目標を立てて勉強する」の3つであった。3項目の共通点として、積極性を取り出すことができるように思われる。なお、大学生を対象とした研究ではなく、中学生を対象とした理科の学習に関する研究報告でも、主体的の訳語としてproactiveの語を用いたものがあるが、その研究においても質問紙が用いられており、主体的な学びを測定するために設定された項目は「理科の学習に対して積極的に取り組んでいる」「自分の学習活動を振り返り、次の学びにつなげようとしている」「実験・観察場面では、科学的探究のプロセスを自ら進めようとしている」の3つであった（原田他, 2018）。これらの項目は、積極性を測定する

意図がより明確であるように思われる。まとめるならば、proactiveが主体的の訳語として用いられる場合、主体的の含意の中でも積極的であることが強調されているものと考えられる。

　次にsubjectiveの語である。辞書では、主観的の訳のほかに自覚的という訳が当てられている。反対語であるobjectiveが、事実にもとづく、というニュアンスであるのに対して、subjectiveは個人の信念や思いにもとづいている、というちがいがあるといえるだろう。主体的の訳語としてsubjectiveの語を当てている広石（2017）の研究は、習得・活用・探求を意識した道徳教育の構想をまとめた比較的短い論考である。新しい道徳教育の展望について広石（2017）は、以下のように述べている。「道徳やルールは、自分とは関係ないところで決められたもの、そして、問答無用に守らなければいけないものと考える客観主義的で受動的な（should）道徳教育の時代は終わった。これからは、道徳やルールは、自分たちで話し合って決めていくもの、そして、常に私たちを守るために、批判的に問われなければいけないものと考える構成主義的で能動的な（will）道徳として、道徳教育を再構成（カリキュラムデザイン）する必要がある」。この短い言明の中に、主体的の語のもつ多義性が凝縮して述べられているが、その中でもあえてsubjectiveの語が採用されたのは、悪しき客観主義ともいうべき観点への対抗としてではないかと推測される。

　辞書によれば、independentは自立的あるいは独立的と訳される語である。この語を主体的の訳語として採用した市村（2019）は、学生の主体的な学びの実現をめざす学生IRならびに学修成果の可視化にかかわる所属大学の取り組みについて報告している。学修成果を可視化する主目的は、学生自身が自分の強みや弱みを自覚し、学生生活を通じた気づきや課題を言語化することによって、主体的な学びの姿勢を醸成することにあるとのことである。ここで主体的の語にindependentが当てられているのは、自立的な学び手として学生が成長することをめざしているものと推察される。

　主体的学修能力に対して小口他（2015）は、autonomous learning skills and abilitiesの訳を当てている。辞書的にはautonomousの意味は自律的である。小

口他（2015）は、看護学部学生の主体的学修能力を育成するための授業改善の試みについて報告している。著者の所属する大学の教育目標として、生涯にわたり専門性を高めていくための主体的学修能力を養うことが掲げられているとのことである。主体的の訳語にautonomousの語が当てられているのは、学生が生涯にわたる自律的な学び手となることをめざす、当該大学の教育目標に対応しているのではないかと推測される。

　最後に取り上げるinteractiveは、主体的の訳語としては、今まで述べてきたものとは明らかに異質である。つまりactiveからautonomousまでの語はいずれも、主体的の語の意味を広義にとったときに、その中に含めることができる意味をまとっていたと言ってよい。それに対し、interactiveは、通常用いられる主体的の語の意味の範疇には収まりきらない。主体的な学びの訳としてinteractive learningが用いられているのは、杉浦他（2019）による教育心理学会総会シンポジウムの報告である。ここで扱われているテーマはゲームを用いた学習であるゲーミングである。ゲームの枠組みには相互作用を含んだものが多く、ゲーミングは対話を生み出す装置でもある。主体的な学びを、あえてinteractive learningと訳したのは、こうした特殊なテーマゆえだと考えられる。

　さて、この文章はコラムであるので、あえて結論はなくてもよいかもしれないが、やはり、主体的な学びの「主体的」を英語にする場合にもっともふさわしい語は何かについて、自らの意見を述べておくべきだろう。それは、agenticである。この語は、最初の英語候補リストの表には含まれていない。なぜなら、このコラムの素となった文章をまとめた時点では、まだこの語の重要性に気づいていなかったからである。

　溝上（2019）は、主体性をagency、主体的をagenticとすべき理由を、きわめて明快に述べている。彼は、「主体的」を「行為者（主体）が対象（客体）にすすんで働きかけるさま」と定義している。主体は、対象である客体に働きかけることを通じて、はじめて主体となりうるのである。それは、主観的（subjective）な意味での主体ではなく、意識と身体をともなう行為主体だとする見方である。学ぶという行為の主体となると考えるとき、学ぶに際して主体

的であることをagenticとするのは、もっともふさわしいと考えられるのである。

--------- ［引用文献］ ---------

● 原田勇希・三浦雅美・鈴木誠（2018）「高い制度的利用価値の認知は理科における『主体的・対話的で深い学び』に貢献しうるか」『科学教育研究』42（3），164-176

● 広石英記（2017）「習得・活用・探究を意識した道徳教育の構想―主体的で対話的で深い道徳的学びを求めて―」『東京電機大学総合文化研究』15, 193-197

● 市村光之（2019）「主体的な学びの実現を目指す学生IRと学修成果の可視化」『京都大学高等教育研究』25, 63-66

● 國分三輝・山川仁子・牧勝弘・村主朋英・森博子・親松和浩（2015）「主体的な学びの促進を狙った初年次教育科目『基礎ゼミ』の開発」『愛知淑徳大学論集―人間情報学部篇』5, 15-27

● 溝上慎一（2019）「（理論）主体的な学習とは―そもそも論から『主体的・対話的で深い学び』まで―」〈http://smizok.net/education/subpages/a00019(agentic).html〉（2023年4月5日閲覧）

● 小口多美子・井上ひとみ・田甫久美子・玉村尚子（2015）「主体的学修能力を育成するための授業内容の改善の試み」『獨協医科大学看護学部紀要』9, 61-71

● 杉浦淳吉・甲原定房・吉川肇子・中村美枝子・松田稔樹（2019）「ゲーミングによる主体的学び」『教育心理学年報』58, 248-257

第Ⅰ部から第Ⅱ部への架橋

　第Ⅰ部（第1章）では、主体的な学びとはどのようなものであり、主体的な学びが成立するためにはどのような条件が求められるかを、文献展望をもとに検討した。それに対して第Ⅱ部を構成する第2章〜第4章までは、主体的な学びの態度を測定する尺度を開発し、その尺度を使って、主体的な学びの態度がどのような変数と関連するかを検討した調査研究となっている。つまり、第1章と第2章〜第4章とは、主体的な学びをテーマとしている点では共通しているものの、前者は主体的な学びという「活動」を支える条件との関連を文献展望にもとづき検討するアプローチをとるのに対して、後者は主体的な学びの「態度」の様態を質問紙調査によって明らかにするとともに、他の変数との関連を検討するという調査研究のアプローチをとっている点で異なっている。

　第1章と第2章〜第4章のアプローチが異なっていても、前者が提起した問題意識を、後者が論証するのであれば、特に両者を架橋するための記述は不要である。しかし、そうした形式にはおさまっていないがゆえに、架橋のための説明が求められるのである。

　ところで、架橋のための説明の前に、第1章について若干の補足説明を行っておきたい。それは、主体的な学びの定義に関する議論ならびに主体的な学びを捉えるための3つのレベル分けについてである。

　まず、主体的な学びの定義について述べよう。初等中等教育の学習指導要領改訂にかかわる中央教育審議会答申においては、「主体的・対話的で深い学び」の実現をめざすことの重要性を強調する文脈において、主体的な学びについての定義にかかわる以下のような記述がなされている。

学ぶことに興味や関心をもち、自己のキャリア形成の方向性と関連付けながら、見通しをもって粘り強く取り組み、自己の学習活動を振り返って次につなげる「主体的な学び」が実現できているか（文部科学省, 2016）。

　私としては、これを主体的な学びの当面の定義として、適切なものだと考えている。なぜならば、第1章で提起した第1のレベルと第2のレベルで想定される学びに加えて、自己運動として生じうる主体的な学びの第3のレベルにかかわる「自己のキャリア形成の方向性と関連付けながら、見通しをもって粘り強く取り組み」という記述をも含んでいるからである。生涯学習という守備範囲までを想定すれば「キャリア形成」という表現は必ずしも最適とはいえないかもしれないが、自己にかかわる時間的展望の表現は、第3のレベルを想定する場合、やはり必要だろう。

　次に、主体的な学びを3つのレベルに分ける考え方についてである。第1章のもとになった論文（竹内, 2020）が刊行されたのは、2020年9月であった。その考察において、溝上（2014）によるアクティブラーニングの2つのポジショニングの考え方などを参考にしつつ2つのレベルを想定するとともに、既存の教育システムを超えたところにある第3のレベルを措定したのであった。主体的な学びを3つにレベル分けする考え方を、論文刊行当時、私は新しい提案だと思っていた。しかしながら、論文刊行後しばらくして知ったことだが、すでに溝上（2019）は、3層からなる「主体的な学習スペクトラム」の考え方を提案していたのである。ちなみにこうしたアイデアは、インターネット上の「溝上慎一の教育論」に2017年3月には掲載されており、2019年8月にはその更新版が掲載されている。

　溝上（2019）は、主体的な学習を、（Ⅰ）課題依存型（task-dependent）、（Ⅱ）自己調整型（self-regulated）、（Ⅲ）人生型（life-based）の3層からなるものと捉えており、学校教育との関連で提案されたアクティブラーニングはそのうちの第Ⅰ層と第Ⅱ層に該当すると捉えられている。すなわち、学校教育との関連で捉えるべきは、第Ⅰと第Ⅱの層であり、学校教育における射程も基本的にはそ

れらの範囲をあまり超え出るものではないと捉えられている。このような見方は、私の構想した3つのレベルとおおよそ対応するものといえる。何より、溝上（2019）の提起は、私のシンプルな構想とはちがい、自己論と関連づけられた、より精緻なものとなっている。

　ともあれ、ここで確認しておきたいのは、第1に、第1章で提案した主体的な学びの3つのレベルの構想は、制度的な教育の枠内にはおさまりきらない第3のレベルを想定することで成り立っていること、そして第2に、こうした主体的な学びの段階分けの発想は竹内（2020）より以前に、より精緻な形で溝上（2019）がモデル化していたこと、さらに第3として、着眼点や精緻化の程度にちがいがあるとはいえ、3つの区分けを行うその内容については類似していること、の3点である。

　さて、ようやく架橋にかかわる説明に入ることにしよう。主体的な学びを3つのレベルに分けて捉える見方と、個人の属性として表示される主体的な学びの態度とは、どのように関連するのであろうか。活動としての主体的な学びは、教育との関係性が、そのレベルの規定に強く関係している。それに対して測定される態度としての主体的な学びは、程度の差として表示されるものであり、活動のレベルの高低との相関関係が想定されるものの、あくまで別の指標である。すなわち、レベルの高低は活動の指標であり、態度の指標とは関連するけれども別物だと捉えておくべきものである。

　主体的に学ぶ態度を身につけることは、教育の重要な目標の一つと言ってよいだろう。学習者が個人として尊重され、自らの意志にもとづき学び続けられるように成長を遂げたとするならば、それは、教育の成功と考えられる。第1章で述べたレベル3は、諸条件が揃うことで自らの意志にもとづき学び続けられる状態だと想定してよいだろう。第1章では、「今後検討すべき課題」として主体的な学びの第3レベルとはいかなるものかを明らかにすることをあげた。第2章〜第4章までの調査にもとづく論説は、その課題に直接答えるものではないが、主体的な学びの態度が強くなることと連動する要因（諸条件）が明らかになることによって、いわば間接的に、その課題に応えるものと位置づけら

れるだろう。そのような位置づけをもつものとして、第2章〜第4章を捉えて
いただければと思う。

[引用文献]

● 溝上慎一（2014）『アクティブラーニングと教授学習パラダイムの転換』東信堂
● 溝上慎一（2019）「（理論）主体的な学習とは－そもそも論から『主体的・対話的で
　深い学び』まで－」〈http://smizok.net/education/subpages/a00019（agentic）.html〉
　（2023年4月5日閲覧）
● 文部科学省（2016）『幼稚園、小学校、中学校、高等学校及び特別支援学校の学習指
　導要領等の改善及び必要な方策等について（答申）【概要】』〈https://www.mext.go.jp/
　component/b_menu/shingi/toushin/__icsFiles/afieldfile/2016/12/27/1380902_1.pdf〉
　（2023年5月6日閲覧）
● 竹内謙彰（2020）「主体的学びが成立するための条件の探求」『立命館産業社会論集』
　56（2），1-20

第 II 部

主体的な学びの態度についての調査研究

第2章

主体的な学びの態度尺度の作成

1
問題

　本章がめざしているのは、主体的な学びの態度を測定する比較的簡便な尺度を作成することである。作成された尺度を用い、成人期における主体的な学びの態度の発達的変化の様相を探ることも研究計画の射程に入っているが、それは第3章で扱う。

[1] 主体的な学びの生物学的本性

　さて、そもそも主体的な学びとはどのようなものであろうか。すでに第1章でも論じたが、ここで改めて主体的な学びを簡潔に定義するとすれば、学び手自身が自立的に意思決定を行い、自律的に自らの動機づけに則り、また自らの動機づけを意図的に方向づけながら、他者との協力関係を構築しつつ、社会との関係性をも視野に入れた学びだといえるかも

しれない。こうした学びはどのように実現されるのだろうか。第1章（竹内, 2020も参照）では、既存の教育システムを超えたところで生じうる学びのレベルの例として、ワークショップ（中野, 2001）やサドベリー・バレー校（Greenberg, 1994/2010; 1995/1996; 2000）の学びをあげた。そこには、主体的な選択があり、学びへの高いモチベーションが存在していると考えられる。ただし、その主張の根拠にかかわる議論は試論的な提起にとどまっており、その掘り下げた分析検討は次の課題として残されている。

　ここでは、人間の生物学的本性に根差した遊びを通じた学びの重要性を主張する、ボストン大学の心理学者であるPeter Grayの主張を取り上げたい。Gray（2009; 2011; 2013/2018）によると、遊びを通じた学びは人間の生物学的本性に根差したものである。進化生物学によると、人間が進化によって獲得してきたさまざまな形質は、人類が誕生して以来長く継続してきた狩猟採集型の生活に適応して生じたものであり、農業が発明されて以降今日までのおよそ1万年程度では、人間の生物学的形質に本質的な変化は生じていないと考えられている。だとすれば、比較的最近まで狩猟採集型の生活を維持してきた人々の生活様式を探ることで、人間の生物学的本性に迫りうると考えることができるだろう[1]。実際、狩猟採集民の生活を記録し分析を行った人類学者は共通して、彼らの優れた文化伝達の様相を記述している。そしてGray（2011; 2013/2018）は、そうした文化伝達の在り方が、人間の生物学的本性によく適合したものだとみなしているのである。

　狩猟採集民の文化伝達の様相の核心部分は、子どもの主体的な学びであると言ってよい。もう少し説明を加えるならば、狩猟採集民の子どもたちは自分たちで無制限に遊ぶ時間をもっており、その中で社会的なスキルと価値観を学ぶのである。集団での遊びを通じて、協力すること、互いのニーズを思いやること、合意を得られる意思決定をすることなどを継続的に経験するのである（Gray, 2013/2018）。

　他方、主体が置かれた自然環境の中で生き残っていくために、子ども

は生活の基本となる食糧を得るためのスキルと知識を集約的に身につける必要があるが、それも多くは遊びを通じて行われる。狩猟採集の生活は職業の専門分化がほとんど存在しないので、一人ひとりの子どもは、自分の文化のほとんどすべてを身につけなければならない。それゆえ、現代の子どもたちと比べて単純に学ぶことが少ないということはできない。むしろ、狩猟や採集にかかわって身につけるべきスキルや知識は、自分たちが生き残るために必須のものだけに、膨大なものであっても確実に身につけなければならないのである。

　狩猟や採集にかかわるスキルや知識は、実際に大人が行っていることを見聞きしてそれを遊びとして取り入れる中で身につけるとともに、ある程度の年齢になると、大人の狩猟や採集の行動に参加することで学んでいくのである。また、狩猟や採集以外の大人の活動も、大人を模倣して遊びの中に取り入れている。例えば幼児の世話、木登り、つるの梯子づくり、小屋づくり、道具づくり、いかだづくり、火起こし、料理づくり、肉食動物に扮した仲間の攻撃から身を守ること、（動物を識別し、その習慣を学ぶ方法として）動物たちの真似をすること、音楽づくり、踊り、物語を話すこと、そして言い争うことなどである（Gray, 2013/2018）。狩猟採集民の子どもたちは、自分たちが遊びの中で楽しみながら、その文化の中で必要とされることを身につけていくとともに、ある程度の年齢になれば主体的に大人の活動にも参加していくのである。

　また、狩猟採集民の大人たちは、子どもたちに何かを強制的に教え込もうとはしない。子どもたちが大人のしていることに興味をもった時には、大人はいつでも傍らで子どもたちが見ていることを許容し、質問されれば応えることを通じて、文化的伝達を行っている。狩猟採集社会では、広義の教育システムが成立していると言ってよいのであるが、そこでは系統的に教えることよりもむしろ子どもの側が自発的に学ぶことが主要な要素となっているのである（Gray, 2011）。

　ここまで、人間の生物学的本性に適合的と考えられる狩猟採集民の子

どもたちの学びの在り方について述べてきたが、これをそのまま、高度に発展した現代社会での学び方に適用することには無理があるだろう。しかしながらGray（2011）は、現代においてもデモクラティック・スクールであるサドベリー・バレー校が、狩猟採集民にみられるのと同様の理想的な学びの条件を提供していると主張している。両者に共通する条件の中で、子どもたちは以下のように過ごすのである。

(a) 遊びと探索に費やすことができる無制限の自由な時間と十分に広い空間をもつ。
(b) 多様な年齢からなる子どもたちと入り混じって交流することができる。
(c) 知識豊富で親身になってくれる多様な大人と接することができる。
(d) その文化に適切な道具や装置を利用することができ、また自由にそれらを用いて遊んだり探索したりできる。
(e) 表現したり議論したいと思うどのような考えであれ、自由に表現したり議論したりできる。
(f) いじめられることがない（このことは、大人からあれこれ命令されることがないことをも意味している）。
(g) 集団の意思決定において自分自身の意見を述べる権利をもつ。

こうした諸条件のもとで過ごした子どもたちは、確かに主体的な学び手として育つことが期待できよう。ただし、こうした諸条件が学び手にとってどのような影響を与えるのか、その詳細の検討については、別の機会に改めて行いたいと考える。

[2] なぜ今主体的な学びが焦点となっているのか

　本来的に、あるいは生物学的な基礎からして、人間は主体的に学ぶ傾向をもっているとしたら、なぜ今、主体的な学びに対して注目が集まるようになっているのだろうか。日本において主体的な学びが焦点となったひとつのきっかけは、文部科学省による、大学教育における「主体的な学修」（文部科学省, 2012）の提起、あるいは小・中学校や高等学校の教育における「主体的・対話的で深い学び」（文部科学省, 2017）の提起である。こうしたことがあえて提起される背景には、今日の日本の学校教育において主体的な学びが欠けている、あるいは少なくとも今まで以上に主体的な学びが必要とされているという現状認識があるものと考えられる。

　このような提起を受けて教育現場では、学び手が主体的に学ぶような授業改善の取り組みが進められてきた。個々には効果をあげている取り組みがみられるようだが、他方、大学生にとって「主体的な参加」が求められる教育機会が増えているにもかかわらず、学びに向かう態度は受け身の傾向が強まっているという調査報告もある（ベネッセ教育総合研究所, 2018）。

　こうした問題を考える上で松下（2015）の指摘は示唆的である。松下（2015）は、能動的な学習をめざす授業のもたらす受動性の問題について以下のように指摘している。すなわち、そうした授業では活動が構造化され学生を活動に参加させる力が強く働くだけに、かえって学生は自らの意志で活動に参加するかどうかの決定を求められなくなる。さらに、グループ活動が採用される場合には、個々の学生の責任があいまいになってしまいがちなのである。

　実際、教室において学習者の能動性を高めるために行われるさまざまな取り組みは、多くの場合、教員からのさまざまな指示によってなされるが、その指示に従うことでその場においては能動的に学ぶことができたとしても、それが学習者の能動的な学習態度として定着することは期待し

がたく、むしろ学習に際しての指示には受動的に従う態度を形成しかねないのであり、さらにいえば、どのような学び方を選択するかという意思決定の主体性は育ちがたいのである。アクティブ・ラーニング、あるいは主体的な学びにかかわるこうした問題点については、すでに、批判的な議論がなされているので、詳細についてはそちらに譲りたい（田上, 2016; 小針, 2018）。

　さて、もう少し踏み込むならば、制度的な教育システムと人間が本来的にもつ学びの傾向との間には、一般的に言っても、何らかの齟齬、あるいは矛盾が存在するのではないだろうか。人間の生物学的本性が、長い進化のプロセスの中で狩猟採集型の生活に適応する中で獲得されてきたのだとすれば、文明化のプロセスの中で形成されたさまざまな諸制度と人間の生物学的本性との間に齟齬や矛盾が存在するのは、ある意味当然だともいえる。

　教育の制度やシステムの今日的役割について、ここで少し考えてみよう。高度に科学技術が発達し複雑な社会制度によって成り立っている今日の社会に新たな世代が参入して適応し、適切に制度やシステムを維持するとともにそれをつくりかえていくために、子どもたちに対する教育の制度やシステムは必要なものだと考えられる。とはいえ、やはり教育の制度やシステムは、それが十全に機能することをめざすのであれば、人間が本来的にもつ学びの傾向性にできるだけ適合的なものであることが望ましい。そのための検討が、今日求められる大きな課題ではないだろうか。

　他方、現行の教育システムの中でも学習者は、その本来的な傾向性からすれば、主体的に学んでいるはずである。あるいは少なくとも、主体的に学ぼうとしているはずである。そうした主体的な学びについての個人の態度はどのようなものであるのか、その様相を心理測定的な接近方法によって捉えてみようというのが、今回の研究の眼目である。

[3] 主体的な学びの態度の中核的な構成要素

　それでは、主体的に学んでいるとは、具体的にはどのような状態なの
であろうか？

　筆者の問題意識にある程度重なるものとして、主体的な授業態度尺度
(畑野, 2011; 畑野・溝上, 2013) がすでに作成されている。しかしながら、
主体的な学びは授業の中だけに生じるものではない。むしろ、学校以外
の場所において、あるいは、学校のような制度的な学びの場所から卒業
するなどして離れてしまったのちの時間においても主体的に学ぶことがで
きる態度こそ、本来的な意味での主体的な学びの態度といえるのではな
いだろうか。

　では、主体的な学びの態度を構成する要素はいかなるものであろうか。
主体的な学びの態度の構成要素は、おそらくかなり多岐にわたるにちが
いない。網羅的にそうした態度にかかわる尺度項目を作成することも可
能ではあろう。とはいえ、筆者が個人的に行おうとしている研究計画の射
程に入っている、成人期における主体的な学びの態度の発達的変化の検
討を考慮するならば、調査を実施するうえでの利便性から考えて、尺度
はできるだけ簡素なものがよい。だとすれば、主体的な学びの態度の周
辺的な諸特性についてはひとまずあまり考慮せず、態度の中核となる特
徴を抽出できるように尺度項目を構成することが求められるだろう。

　ここでは、学校のような教育システムを離れても持続しうる学びの態
度に着目する。そうすると、その重要な構成要素として、学びにおける
積極性・能動性と自主的な判断にもとづく自律性、ならびに他者との関
係性が重要になってくるのではないかと考えられる。実際に尺度項目を
構成するにあたっては、先述したGray (2013/2018) およびGreenberg
(1994/2010) の記述を参考にすることとしたい。

[4] 主体的な学びの態度と関連する他の心理測定的尺度に
はどのようなものがあるか

　次に、主体的な学びの態度に想定される心理測定的特徴から、併存的
妥当性を検討するためにはどのような尺度との関連をみればよいかを述
べておきたい。ここでは、2つの研究でそれぞれ開発された尺度を採用
したいと考える。

　第1は、学習動機が生涯学習参加にどのような影響を及ぼすかを検討
した浅野（2002）の研究で用いられた、積極的関与尺度と継続意志尺度
である。これらは、両者合わせて5項目の簡便な尺度である。前者は現
在時点における学びへの積極性を捉える尺度であり、後者は将来展望と
かかわる学びの継続への動機づけを問うものである。学びが積極的であ
ることは、当然、主体的な学びの重要な一面であると考えられるが、学
びを継続したいという志向性もまた、主体的な学びの態度の重要な特徴
であると考えられる。制度的な枠組みがあろうとなかろうと、自らの意志
によって学び続けることは、主体的な学びの態度の表れといえよう。

　第2は、知的好奇心尺度である。西川・雨宮（2015）は、Berlyne（1960）
や波多野・稲垣（1973）の考えを基盤に拡散的好奇心と特殊的好奇心の2
つの下位尺度からなる知的好奇心尺度を構成した。波多野・稲垣（1973）
によると、拡散的好奇心は情報への飢えから生ずるものであってはっきり
した方向性をもたないものであり、われわれの興味を広げ知識をバラン
スのとれたものにするのに役立つものである。それに対して特殊的好奇
心は、知識の不十分さが自覚されたときに駆動されるものであり、われ
われの知識を深め、より首尾一貫したものにしていくうえで重要である。
どちらの知的好奇心も、人間における学びの能動性の原動力となるもの
だということができるだろう。

2
目的

　本研究における実証研究部分は2つの調査により構成された。

　調査1では、主体的な学びの態度を測定するにふさわしいと考えられて収集した質問項目群、および積極的関与尺度と継続意志尺度（浅野, 2002）を用い、大学生を対象とした調査を行った。調査1の目的は、主体的な学びの態度尺度の因子構成を確認するとともに、「積極的関与」尺度と「継続意志」尺度との関連から主体的な学びの態度尺度の併存的妥当性を検討することであった。

　調査2では、調査1の対象者群と同じ人々を含む対象者に対し、調査1で用いたものと同じ主体的な学びの態度尺度の項目群を実施するとともに、「知的好奇心尺度」（西川・雨宮, 2015）を実施した。調査2の目的は、主体的な学びの態度尺度の再検査信頼性を検討するとともに、「知的好奇心尺度」との関連から併存的妥当性を検討することであった。

　これら2つの調査を通じて、成人期を対象とした主体的な学びの態度についての調査に用いることができる信頼性と妥当性を備えた尺度を作成することが本研究全体の主たる目的であった。

3

方法

[1] 調査1の方法

調査対象者と手続き

先述した質問項目にスクリーニングのためのフェイスシートを加えた調査票を作成し、株式会社クロス・マーケティングのネットリサーチ・データベースに登録されたモニターから全国の大学1〜3年生を対象として調査を実施し、299名からの回答を得た。そのうち、尺度ごとに同じ選択肢を連続して選んでいる115名については不適切な回答を行っていると判断して除外した結果、184名（有効回答率：61.5%）が分析対象となった。184名の学年の内訳は、1年生38名、2年生96名、3年生50名であった。

調査時期

2020年9月24日〜27日であった。

使用した尺度と質問項目

・主体的な学びの態度尺度

Gray（2009; 2011; 2013/2018）およびGreenberg（1994/2010; 1995/1996; 2000/2008）の記述を参考にしつつ、他者からの強制や同調圧力によるものではない、学習者自身が学びに向かおうとする自発的で自律的な態度、ならびにそうした場合の他者との関わりと関連する行動や考え方にかかわる記述を20文程度作成し、重複した内容のものを除外して13の文を得た。さらに、それらのいくつかについて記述が回答者にどの程度該当するか回答を求めやすい記述に改めて、13項目からなる主体的な学びの態度についての質問文を構成した。自分にどの程度あてはまるかについて「あてはま

る」から「あてはまらない」までの5段階評定を求めた。なお、13項目の記述内容は下記の通りである（番号は、質問紙に掲載されていたもの）。

1. 何かを自発的に学ぶことは自分を人間的に成長させる。
2. 自分が興味を持ったことは、人に質問したり本やインターネットを用いたりして、とことん調べることがある。
3. 授業などの枠組みがなくなると、自分から学ぼうとはしなくなってしまうだろう。
4. 好きなことを自由に学ぶことはすべての人にとって、重要な権利だと思う。
5. 自分が努力して学んだことを社会の役にたてたいと思う。
6. 興味が湧いてきて調べているうちに夢中になって、時間が経つのを忘れてしまうことがある。
7. 学びたいことでわからないことが出てきたら、知っていそうな人に積極的に質問する。
8. 自分が学んでいることを人にわかりやすく説明できる。
9. 人が何をどのように学ぶかは、本人が責任を持って選ばなければならない。
10. 何かを自発的に学ぶことは楽しいことだ。
11. 自分が本当に興味のあることなら、どれほど難しくても挑戦する価値があると思う。
12. たいていのことは、誰かに教えてもらわなければ身につかない。
13. 大学を卒業してからも、自分が必要性を感じれば、その都度やり方を工夫して新しい学びに挑戦すると思う。

各項目のもつ意味から、全体として主体的な学びの態度を構成するものと考えられるが、大まかには自発的学びにかかわる項目群（1、2、3、4、6、9、10、11、12、13）と対人・社会的な関係性にかかわる項目群（5、7、8）

に分かれると考えられる。なお、項目3と12は、学びの自発性とは反対の方向性を示唆するものであるため逆転項目として想定されるものである。

・積極的関与と継続意志尺度

浅野（2002）が作成した、学習を行っているときに意欲的に取り組んでいるという「積極的関与」と学習を長く継続したいという「継続意志」を測定する5項目を用いた。ただし、学校における学習の意味合いが強い「勉強」という語を用いている2項目「勉強は好きである」と「できるだけ長く勉強を続けたい」については、それぞれ「学ぶことは好きである」「出来るだけ長く学び続けたい」に変更した。さらに、継続意志の意味を強調するため、「常に学びたい気持ちがある」の項目の表現を一部変更して、「常に学び続けたい気持ちがある」とした（項目内容は表2-2参照）。浅野（2002）にしたがい、自分にどの程度あてはまるか、「あてはまる」から「あてはまらない」までの4段階評定を求めた。

・その他の質問項目

学年（[1.大学1年生、2.大学2年生、3.大学3年生]からの選択）、性別（[1.女性、2.男性、3.その他、4.回答したくない]からの選択）、および年齢（実年齢の記入）の設問を行った。

［2］調査2の方法

調査対象者と手続き

先述した質問項目にスクリーニングのためのフェイスシートを加えた調査票を作成し、株式会社クロス・マーケティングのネットリサーチ・データベースに登録されたモニターのうち、調査1に回答したものを対象として調査を実施し、152名から回答を得た。そのうち、14名については、調査2において尺度ごとに同じ選択肢を連続して選んでいるものを不適切な回答として除外した結果、138名（有効回答率：90.8%）が併存的妥当性にかかわる分析対象となった。138名の学年の内訳は、1年生25名、

2年生80名、3年生33名であった。

　ただし、再検査信頼性の分析にあたっては、調査1と調査2のそれぞれで得られた得点の相関をみることになる。それゆえ調査1と調査2のそれぞれで尺度ごとに同じ選択肢を連続して選んでいるものは除外する必要がある。そうした対象者を除外したところ、分析の対象となったのは90名（有効回答率：59.2%）であった。90名の学年の内訳は、1年生19名、2年生48名、3年生23名であった。

調査時期
2020年11月25日〜12月9日であった。

使用した尺度と質問項目
・主体的な学びの態度尺度
調査1で用いたものと同じ13項目を用いた。
・知的好奇心尺度
　西川・雨宮（2015）が作成した「知的好奇心尺度」12項目を用いた。この尺度は拡散的好奇心を測定する6項目と特殊的好奇心を測定する6項目から構成されている（項目内容は、表2-5参照）[2]。西川・雨宮（2015）にしたがい、「とてもよくあてはまる」から「まったくあてはまらない」までの5段階評定を求めた。
　・その他の質問項目
調査1と同様。

─────────────── 4 ───────────────

結果と考察

　これ以降の分析における統計解析にあたっては、統計解析ソフトIBM SPSS Statistics 27を適用した。なおここでは調査1と調査2で得られたデータをもとに両者をまとめた分析結果を報告する。

[1] 主体的な学びの態度の尺度構成

① 項目の選定

　まず主体的な学びの態度にかかわる13項目の再検査信頼性を検討するために、調査1の時の項目得点と調査2の時の項目得点の相関係数を算出した（$n = 90$）。その結果、項目1「何かを自発的に学ぶことは自分を人間的に成長させる」は$r = .24$、項目2「自分が興味を持ったことは、人に質問したり本やインターネットを用いたりして、とことん調べることがある」は$r = .26$と、他の項目がすべて$r > .30$であることと比較して低い値であった。それゆえ、これらの項目は、尺度を構成する項目からは除外することとした。

　また、今後実施する予定である成人期の広い年齢層を対象とした調査の際に適当でない項目として項目13「大学を卒業してからも、自分が必要性を感じれば、その都度やり方を工夫して新しい学びに挑戦すると思う」が指摘できる。なぜなら、成人期調査における対象者は大学に在籍した経験があるとは限らないからである。それゆえ、この項目も尺度構成からは除外することとした。

② 因子分析による検討

　上述した理由から3項目を除外した10項目に対して、調査1の対象者

184名における5段階評定の回答を、項目の記述内容に肯定的な程度が高いほど得点が高くなるように得点化したものを因子分析の対象とした。最尤法、プロマックス回転により3因子が抽出された。因子数を2に指定して再度因子分析を行っても、適切な解釈が難しい因子配列となったこと、またスクリープロットの変化をみても、4因子以降にあまり変化がみられないことの2つの理由から、3因子の結果を採用した因子分析結果ならびに各項目の平均 (*M*) と標準偏差 (*SD*) を表2-1に示した。各因子に相対的に負荷の高い項目の特徴から、因子1を自発的学び、因子2を対人的学び、因子3を教えられる学び、とそれぞれ命名した。因子3に高い負荷を示し

表 2-1 主体的な学びの態度尺度の因子分析＊の負荷量と各項目の平均値・標準偏差〔調査1〕（*n*=184）

No.	項目内容	因子1	因子2	因子3	*M*	*SD*
10	何かを自発的に学ぶことは楽しいことだ	.81	.00	-.17	4.12	0.77
11	自分が本当に興味のあることなら、どれほど難しくても挑戦する価値があると思う	.75	-.02	.10	4.05	0.83
4	好きなことを自由に学ぶことはすべての人にとって、重要な権利だと思う	.68	-.18	-.05	4.35	0.78
6	興味が湧いてきて調べているうちに夢中になって、時間が経つのを忘れてしまうことがある	.41	.24	-.13	3.81	1.00
5	自分が努力して学んだことを社会の役にたてたいと思う	.33	.16	.18	3.89	0.98
9	人が何をどのように学ぶかは、本人が責任を持って選ばなければならない	.31	.16	.24	3.32	0.86
8	自分が学んでいることを人にわかりやすく説明できる	-.12	.86	-.12	2.98	1.05
7	学びたいことでわからないことが出てきたら、知っていそうな人に積極的に質問する	.08	.62	.04	3.31	1.01
12	たいていのことは、誰かに教えてもらわなければ身につかない	-.05	.08	.62	3.22	1.04
3	授業などの枠組みがなくなると、自分から学ぼうとはしなくなってしまうだろう	-.06	-.19	.42	3.54	0.97

＊最尤法、プロマックス回転
注）項目得点は、記述が自分によくあてはまっているほど高得点となるようにした。

た2つの項目は、当初、自発的・自律的な学びの態度を測定する際の逆転項目としての意味合いをもったものと想定されていたが、自発的学びを代表する因子1とは独立した別の因子に負荷する結果となった。

　各因子に相対的に負荷の高い項目が下位尺度を構成するものとみなして、下位尺度項目の平均点を下位尺度得点とした。

[2] 主体的な学びの態度尺度の信頼性と妥当性の検討

① 再検査信頼性の検討

　再検査信頼性の検討のために、調査1と調査2における同一下位尺度間におけるピアソンの相関係数（$n = 90$）を算出したところ、以下のような結果が得られた。

自発的学び：$r = .48$　$p < .01$

対人的学び：$r = .67$　$p < .01$

教えられる学び：$r = .54$　$p < .01$

　時間の経過に対して非常に安定しているとはいえないまでも、ある程度の再検査信頼性を有していると判断された。

②積極的関与・継続意志尺度との関連の分析および内的整合性の検討

　積極的関与・継続意志尺度を構成する5項目について、それぞれの記述に肯定的であるほど得点が高くなるように得点化したものを対象として、因子分析を行った。浅野（2002）が採用したのと同じ手法である主成分分析、プロマックス回転により2因子が抽出された[3]。因子分析結果ならびに各項目得点の平均と標準偏差を表2-2に示した。

　各因子に負荷が高い項目の意味のまとまりから、因子1は継続意志を、因子2は積極的関与をそれぞれ代表するものと解釈された。この結果を

表2-2 積極的関与と継続意志の因子分析（主成分分析、プロマックス回転後）の負荷量と各項目の平均値・標準偏差〔調査1〕(*n*=184)

No.	項目内容	因子1	因子2	M	SD
4	出来るだけ長く学び続けたい	.91	-.03	2.71	0.85
5	常に学び続けたい気持ちがある	.91	-.03	2.72	0.81
3	学ぶことは好きである	.74	.08	2.85	0.80
1	自分では、学習意欲は高い方だと思う	.01	.91	2.55	0.80
2	自分では、積極的に学習していると思う	.00	.91	2.53	0.80

注）項目得点は、記述が自分によくあてはまっているほど高くなるように得点化した。

　もとに、積極的関与と継続意志の下位尺度を構成することとした。なお、浅野（2002）では、本研究の項目3に該当する「勉強は好きである」は積極的関与に含まれていたが、本研究の「学ぶことは好きである」では継続意志に属する結果となった。この結果が、「勉強」を「学ぶこと」に変更したことによるものなのか、あるいは、対象者のちがいによるものかは判断できない。いずれにせよ、項目が2つの因子に明確に分かれたことから、項目3についても因子分析結果にもとづき継続意志を構成する項目とした。積極的関与の下位尺度得点は項目1および2の平均により、継続意志の下位尺度得点は項目3、4および5の平均により算出した。

　次に、主体的な学びの態度と積極的関与・継続意志との関連の分析を行うため、各下位尺度得点間の相関係数を算出した。それら相関係数に加えて、下位尺度得点の平均と標準偏差、およびα係数を算出したものを表2-3に示した。

　自発的学びと対人的学びは、ともに積極的関与と継続意志との間に1%水準で有意な相関がみられた。また、自発的学びと対人的学びのα係数は、それぞれ0.78、0.66であり、ある程度の高さの内的整合性を示している。また、両者の間の相関も0.30であり、1%水準で有意であった。それに対して教えられる学びは、積極的関与・継続意志との間の相関は有意ではなく、また自発的学び、ならびに対人的学びとの相関も有意ではなかった。

またα係数も0.32と低く、内的整合性があまり高くないことが示された。

　以上より、自発的学びと対人的学びは、積極的関与と継続意志との関連から併存的妥当性を有していること、また尺度として適当な内的整合性を有していることが示唆された。それに対して、教えられる学びは、積極的関与と継続意志との関係がほぼ無相関であり、内的整合性も低かった。

　自発的学びと対人的学びとの間に有意な相関がみられたことから、この相関の影響を取り除いた関連分析を行うこととした。すなわち、自発的学びと対人的学びが、積極的関与、継続意志とどのような関連をもっているのかをより深く検討するため、偏相関分析を行った。自発的学びについては対人的学びを、対人的学びについては自発的学びをそれぞれ制御変数として偏相関係数を求めた。結果を表2-4に示した。

表2-3 主体的な学びの態度と積極的関与・継続意志の各下位尺度間の相関係数ならびに各下位尺度の平均値、標準偏差とα係数〔調査1〕(n=184)

項目内容	対人的学び	教えられる学び	積極的関与	継続意志	M	SD	$α$
自発的学び	.30**	.10	.24**	.43**	3.98	0.57	.78
対人的学び	—	.07	.49**	.19**	3.15	0.89	.66
教えられる学び		—	-.08	-.03	3.38	0.77	.32
積極的関与			—	.42**	2.54	0.73	.80
継続意志				—	2.76	0.70	.82

**: $p < .01$

表2-4 主体的な学びの態度と積極的関与・継続意志の各下位尺度間の偏相関係数〔調査1〕(n=184)

項目内容	自発的学び	対人的学び
積極的関与	.11	.45**
継続意志	.40**	.07

注）自発的学びについては対人的学びを、対人的学びには自発的学びをそれぞれ制御変数として偏相関係数を求めた。

**: $p < .01$

表2-4からわかるように、主体的な学びの態度の下位尺度間相関の影響を除くと、自発的学びは継続意志と、対人的学びは積極的関与との間に有意な関連が認められた。こうした関連をどのように解釈すべきかについては、総合的考察において検討することとしたい。

③ 知的好奇心尺度との関連の分析

調査2で実施した知的好奇心尺度について因子分析を実施し、拡散的好奇心と特殊的好奇心に適切に項目が分離されるかどうかを確認した。因子分析結果および各項目の平均と標準偏差を表2-5に示した。

最尤法、プロマックス回転により2因子が抽出された。各因子に負荷の高い項目の特徴から因子1は特殊的好奇心、因子2は拡散的好奇心であると考えられる。各因子に負荷が高い項目は、西川・雨宮（2015）の結果とまったく一致しており、各因子に負荷の高い項目の得点平均をもって、各下位尺度の得点とした。

次に、主体的な学びの態度と知的好奇心との関連の分析を行うため、各下位尺度得点間の相関係数を算出した。それら相関係数に加えて、下位尺度得点の平均と標準偏差、およびα係数を算出したものを表2-6に示した。

自発的学びと対人的学びは、ともに拡散的好奇心と特殊的好奇心との間に1％水準で有意な相関がみられた。また、自発的学びと対話的学びのα係数は、それぞれ0.83、0.72であり、ある程度の高さの内的整合性を示している。また、両者の間の相関も0.28であり、1％水準で有意であった。それに対して教えられる学びは、拡散的好奇心との間にのみ1％水準で有意な負の相関がみられ、また自発的学びとの間にも5％水準で有意な負の相関がみられた。またα係数も0.37と低く、内的整合性があまり高くないことが示された。

以上より、自発的学びと対人的学びは、拡散的好奇心と特殊的好奇心との関連から併存的妥当性を有していること、また尺度として適当な内的整合性を有していることが示唆された。それに対して、教えられる学びは、

表 2-5 知的好奇心尺度の因子分析＊の負荷量と各項目の平均値・標準偏差〔調査 2〕
（*n*=138）

No.	項目内容	因子1	因子2	*M*	*SD*
12	物事を学ぶときには、徹底的に調べたい	.83	-.04	3.59	0.93
11	問題を解くために長時間じっくり考える	.79	-.04	3.49	0.99
6	はっきりした明快な答えが出るまでずっと考える	.68	.02	3.42	0.87
4	解答を理解できないと落ち着かず、何とか理解しなければと思う	.67	.04	3.62	0.96
3	ある考えを理解するために必要な知識をすべて学ばないと満足できない	.66	-.09	3.33	0.92
8	予期しない出来事が起きた時、原因が分かるまで調べる	.49	.23	3.31	0.93
9	誰もやった事のない物事にとても興味がある	-.01	.79	3.16	1.03
2	新しい事に挑戦することは好きだ	-.14	.76	3.51	0.98
5	どこに行っても、新しい物事や経験を探す	.01	.75	3.07	0.99
7	何事にも興味関心が強い	-.03	.71	3.31	0.99
10	今までやった事がないような課題によろこんで取り組める	.29	.56	3.17	0.99
1	新しいアイデアをあれこれ考える	.12	.53	3.05	1.04

＊最尤法、プロマックス回転
注）項目得点は、記述が自分によくあてはまっているほど高得点となるようにした。

表 2-6 主体的な学びの態度と知的好奇心の各下位尺度間の相関係数ならびに各下位尺度の平均値、標準偏差と α 係数〔調査 2〕（*n*=138）

項目内容	対人的学び	教えられる学び	拡散的好奇心	特殊的好奇心	*M*	*SD*	α
自発的学び	.28**	-.21*	.44**	.49**	3.89	0.63	.83
対人的学び	—	-.05	.55**	.38**	3.10	0.93	.72
教えられる学び		—	-.22**	-.15	3.21	0.82	.37
拡散的好奇心			—	.61**	3.21	0.77	.86
特殊的好奇心				—	3.46	0.70	.85

*: *p* < .05　　**: *p* < .01

拡散的好奇心とのみ有意な負の相関が認められた。教えられる学びが拡散的好奇心との間に有意な負の相関を生じたのは、教えられる学びが自発的学びとの間に負の相関関係があったことを反映している可能性がある。いわば、教えられる学びに属する項目が、自発的学びの諸項目の逆転項目として機能した可能性である。そうした可能性を検討するため、自発的学び（z）を制御変数として、教えられる学び（x）と拡散的好奇心（y）との間の偏相関係数を求めたところ、以下のような結果が得られた。

$$r_{\mathrm{xy \cdot z}} = -0.15 \ n.s. \ (n = 138)$$

　調査2において自発的学びと教えられる学びとの間に、なぜ有意な負の相関がみられたかはわからないものの、自発的学びの影響を除くと、教えられる学びは拡散的好奇心との間の相関が有意でなくなること、さらに、調査1と同様、教えられる学びの内的整合性が低かったことから、教えられる学びと好奇心尺度との関連分析はこれ以上行わないこととした。

　さて、調査1と同様、自発的学びと対人的学びとの間に有意な相関がみられたことから、この相関の影響を取り除いた関連分析を行うこととした。すなわち、自発的学びと対人的学びが、拡散的好奇心、特殊的好奇心とどのような関連をもっているのかをより深く検討するため、偏相関分析を行った。自発的学びについては対人的学びを、対人的学びについては自発的学びをそれぞれ制御変数として偏相関係数を求めた。結果を表2-7に示した。

　表2-7からわかるように、主体的な学びの態度の下位尺度間相関の影響を除いても、自発的学びも対人的学びも、ともに拡散的好奇心・特殊的好奇心の両者との間に有意な関連が認められた。ただし自発的学びは特殊的好奇心との相関が拡散的好奇心より高く、対人的学びは逆に拡散的好奇心との相関が特殊的好奇心より高かった。こうした関連をどのように解釈すべきかについては、次の総合的考察において検討することとしたい。

表 2-7 主体的な学びの態度と知的好奇心の各下位尺度間の偏相関係数〔調査 2〕(*n*=138)

項目内容	自発的学び	対人的学び
拡散的好奇心	.36**	.49**
特殊的好奇心	.43**	.29**

注) 自発的学びについては対話的学びを、対話的学びには自発的学びをそれぞれ制御変数として偏相関係数を求めた。
**: *p* < .01

5

総合的考察

[1] 尺度の信頼性と妥当性について

　主体的な学びの態度尺度は、当初、13 項目で構成されていた。しかし、再検査信頼性が低い 2 項目と、今後の調査計画における成人期の調査対象者に必ずしも適合的ではない内容を含む 1 項目が除外された。残った 10 項目が因子分析され、自発的学び、対人的学び、教えられる学び、とそれぞれ命名された 3 つの因子が抽出された。

　各因子に相対的に負荷が高かった項目が主体的な学びの態度尺度の下位尺度を構成するものとして、内的整合性ならびに併存的妥当性の検討がなされた。α係数によって内的整合性をみたところ、自発的学びと対人的学びについては、調査 1、2 ともに整合性があるといってよい程度のα係数が得られたが、教えられる学びについては内的整合性があるとはいいがたい低い値であった。

　主体的な学びの態度尺度の併存的妥当性は、積極的関与・継続意志尺度、ならびに知的好奇心尺度との関連から分析された。その結果、自発

的学びと対人的学びは、積極的関与・継続意志尺度、ならびに知的好奇心尺度との間に比較的強いといってよい正の有意な相関が得られた。それに対し、教えられる学びは、積極的関与・継続意志尺度とは有意な相関がなく、知的好奇心尺度とは、下位尺度である拡散的好奇心との間にのみ、あまり強いとはいえない有意な負の相関が得られた。ただし、この相関は、自発的学びとの間の負の相関が影響している見かけ上の相関ではないかと解釈された。教えられる学びについての内的整合性ならびに併存的妥当性の分析から、主体的な学びの態度尺度を構成する下位尺度にはふさわしくないものと考えられる。よって、今後行う成人期調査では、教えられる学びを構成する2項目を除外して主体的な学びの態度尺度を構成することとしたい。

［2］自発的学び・対人的学びの各下位尺度はどのような特徴をもっているか

　自発的学びと対人的学びの各下位尺度は、それぞれ積極的関与・継続意志尺度、ならびに知的好奇心尺度との間に有意な関連があったが、関連の仕方は異なっていた。自発的学びは、積極的関与より継続意志との関連が強く、また、拡散的好奇心より特殊的好奇心との関連が強かった。それに対し、対人的学びは、継続意志より積極的関与との関連が強く、また特殊的好奇心より拡散的好奇心との関連が強かった。こうした他の尺度との関連から、自発的学びは、学びを継続する動機づけとの関連が強く、また、より特定の学びの対象への動機づけと関連が強いと考えられる。それとは逆に、対人的学びは、学びのプロセスそのものへの関与が強く、また、より幅広い学びへの動機づけと関連が強いと考えられる。

　ただし留意しておかなくてはならないのは、2つの偏相関分析（表2-4と2-7）の結果のちがいである。表2-4で偏相関分析を行ったところ、自発的学びは継続意志とだけ有意な関連をもち、また対人的学びは積極的

関与とのみ有意に関連するという、明瞭に関連の傾向が分かれる結果となった。それに対して表2-7をみると、偏相関分析を行ってなお、自発的学びも対人的学びもともに、拡散的好奇心・特殊的好奇心の両者と有意な関連を示したのである。このことから、自発的学びと対人的学びは、学びの動機づけにおける時間軸でのちがいは明瞭であるものの、両者はともに2つの知的好奇心である拡散的好奇心と特殊的好奇心の両方にいわば下支えされているといえるのではないだろうか。

　そもそも波多野・稲垣 (1973) によって知的好奇心の重要性が強調されたのは、それ以前に支配的であった賞と罰による受動的な学習観に抗して能動的な学習観を打ち出すためのものであった。そうしたことを考慮に入れれば、主体的な学びの態度の2つの下位尺度が知的好奇心尺度の両下位尺度と関連が深かった事実は、今回作成した尺度が学びの能動性としっかり結びついている証左といえるかもしれない。

　ともあれ、主体的な学びの態度尺度の2つの下位尺度の共通性とちがいをふまえつつ、次なる課題である成人期の人々を対象とした調査研究について、次章で述べることにしたい。

［注］

1) 農業が発明されて以降およそ1万年が経過しているので、すべての人間集団が狩猟採集生活をしていた1万年前以前の一般的な行動様式と、近年まで狩猟採集生活を営んでいた人々の行動様式がまったく同じであると考えることは妥当ではないだろう。一貫して狩猟採集型の生活を行っていた人々であっても、1万年の間には農耕や牧畜を行ってきた人々と生活圏が接していたり重なっていたりした可能性を考えれば、他集団の行動様式を多かれ少なかれ取り入れていたことは想像にかたくない。そうした可能性を考慮に入れたうえでなお、近年までに人類学者らによって記録された多くの狩猟採集民の文化伝達にかかわる行動パターンが相互に類似しており、またそれが狩猟採集民以外の多くの人間集団とは異なっていることを考慮すると、そうした文化伝達

にかかわる行動様式は狩猟採集型の生活に適合的なものだと判断されるのである。

2）本調査で用いた知的好奇心尺度のうち第10項目と第12項目が、西川・雨宮（2015）の文言と若干異なっていた。転記ミスにより、第10項目では、「今までやったこと」の「こと」を「事」に、第12項目では「物事を学ぶ時」の「時」を「とき」にして調査に使用した。意味にちがいはなく、因子分析でも西川・雨宮（2015）と同様の結果が出ているので、尺度項目として用いても問題はないと判断した。

3）本研究の他の尺度における因子分析で用いていた最尤法、プロマックス回転によっても、項目１、２と項目３、４、５がそれぞれ別の因子に高い負荷をもつという、同様の結果が得られている。ただし、主成分分析を用いた方が、２つの因子がより明瞭に分離されていた。そうした結果と、開発者が主成分分析を採用していたこととをふまえて、ここでもその手法による分析結果を掲示することとした。

―――――――――――――――――――［引用文献］―――――――――――――――――――

● 浅野志津子（2002）「学習動機が生涯学習参加に及ぼす影響とその過程－放送大学学生と一般大学学生を対象とした調査から－」『教育心理学研究』50, 141-151

● ベネッセ教育総合研究所（2018）「第3回大学生の学習・生活実態調査報告書」<https://berd.benesse.jp/up_images/research/000_daigakusei_all.pdf>（2020年5月9日閲覧）

● Berlyne, D. E.（1960）*Conflict, arousal, and curiosity.* McGraw-Hill.

● Gray, P.（2009）Play as a foundation for hunter-gatherer social existence. *American Journal of Play*, 1(4), 476-522

● Gray, P.（2011）The evolutionary biology of education: How our hunter-gatherer educative instincts could form the basis for education today. *Evolution: Education and Outreach*, 4, 28-40

● Gray, P.（2013）*Free to LEARN: Why unleashing the instinct to PLAY will make our children happier, more self-reliant, and better students for life.* Basic Books.（吉田新一郎（訳）（2018）『遊びが学びに欠かせないわけ－自立した学び手を育てる』築地書館）

● Greenberg, D.（1994）*Worlds in creation.* Sudbury Valley School.（大沼安史（訳）（2010）『自由な学びとは－サドベリーの教育哲学』緑風出版）

● Greenberg, D.（1995）*Free at last: The Sudbury Valley School.* Sudbury Valley School Press.（大沼安史（訳）（1996）『「超」学校−これが21世紀の教育だ』一光社）

● Greenberg, D.（2000）*A clearer view: new insights into the Sudbury School model. The thirtieth anniversary lectures.* The Sudbury Valley School Press.（大沼安史（訳）（2008）『自由な学びが見えてきた〜サドベリー・レクチャーズ〜』緑風出版）

● 波多野誼余夫・稲垣佳世子（1973）『知的好奇心』中央公論社

● 畑野快（2011）「『授業プロセス・パフォーマンス』の提唱及びその測定尺度の作成」『京都大学高等教育研究』17, 27-36

● 畑野快・溝上慎一（2013）「大学生の主体的な授業態度と学習時間に基づく学生タイプの検討」『日本教育工学会論文誌』37（1）, 13-21

● 小針誠（2018）『アクティブラーニング 学校教育の理想と現実』講談社

● 松下佳代（2015）「ディープ・アクティブラーニングへの誘い」松下佳代・京都大学高等教育研究開発推進センター（編著）『ディープ・アクティブラーニング−大学授業を深化させるために』勁草書房, 1-27

● 文部科学省（2012）「未来を創出する大学教育の構築に向けて〜生涯学び続け、主体的に考える力を育成する大学へ〜（答申案）」<https://www.mext.go.jp/b_menu/shingi/chukyo/chukyo4/siryo/__icsFiles/afieldfile/2012/08/14/1324511_1.pdf>（2020年5月9日閲覧）

● 文部科学省（2017）「平成29・30年改訂学習指導要領のくわしい内容」<https://www.mext.go.jp/a_menu/shotou/new-cs/1383986.htm#section5>（2020年5月9日閲覧）

● 中野民夫（2001）『ワークショップ−新しい学びと創造の場』岩波書店

● 西川一二・雨宮俊彦（2015）「知的好奇心新尺度の作成─拡散的好奇心と特殊的好奇心─」『教育心理学研究』63, 412-425

● 田上哲（2016）「教育方法学的立脚点からみたアクティブ・ラーニング」日本教育方法学会（編）『教育方法45 アクティブ・ラーニングの教育方法学的検討』図書文化社, 10-23

● 竹内謙彰（2020）「主体的学びが成立するための条件の探求」『立命館産業社会論集』56(2), 1-20

私たちの学びを駆動する知的好奇心
―『知的好奇心』を読み直す―

　波多野誼余夫と稲垣佳世子の共著による『知的好奇心』（中公新書）の初版が1973年3月に世に出てから、すでに半世紀が経過した。このコラムを書くにあたって同書を読み返してみて、その内容の先駆性とラディカルさにあらためて気づかされた。

　同書がもっとも強調しているのは、人間の本性を怠けものと捉える人間観に対する鋭い批判である。

　「怠けものの心理学」は、1940年代頃に基本的な骨格が完成した動機づけの理論のことを指しており、ハルの行動主義的な学習理論とその立場から解釈されたフロイトの精神分析理論が、この理論の二本柱だとされる。この動機づけの理論では、動物は本来怠けものであって、何らかの不都合が生じない限り活動的にならないということを前提としている。この不都合が、不快な緊張状態としての動因であり、この動因をつくり出すのは、①強い苦痛を与える刺激、②飢えやかわきのような生理的不均衡にもとづく欲求および性欲、③上記①または②と条件づけられた刺激、の3つの条件しかないとされている。

　簡単に「怠けものの心理学」について紹介したが、このような考え方は、サーカスに登場するライオンやゾウなどの動物に芸を仕込むための訓練を行う時には有効であるし、人間に対しても、たとえば工場の生産ラインで繰り返し単調な労働をさせる際にも、適用しうるものである。

　実際には、同書の発行以前から、教育心理学の領域でも、たとえばBrunerのように内発的動機づけの重要性を強調する議論はなされていたし、学習者の内発性を重視した発見学習や、特に日本では仮説実験授業のような教育方法の工夫もなされていた。しかしながら、実際に学校で行われている教育の在り方は、人間を怠けものとみなす前提で動いている側面が強かったということを否定は

できないだろう。そして、おそらくその傾向は今でも継続している。

　人間を怠けものとみなす考え方の社会的基盤を、同書は、「疎外された労働」に見ている。その点が、同書をラディカルだと感じた理由の一つである。労働において自分の能力を十全に発揮することができず、工程は単純化・合理化されており、自分で計画を立てたり修正したりする自由は与えられず、生産したものに対しても経済的・心理的なつながりをもっていない、そうしたものが疎外された労働である。そして人々は、労働において疎外されているからこそ、その準備としての教育においても疎外されていたのである。勉強は、ムチとニンジンによって駆動させられるものとならざるをえないのである。

　同書は、疎外された教育を覆して、学習者が内発的に学びを実現していくための、いわば突破口として、知的好奇心の重要性を提起したのだろう。確かに、知的好奇心は、もともと子どもの中に存在するものであり、内発的に学びを駆動する力をもつものなのだ。とはいえ、それが教育の中でどのように活かされるかは、多くの工夫と努力が今なお必要とされるものである。

　同書が発行されてから半世紀、学習者の内発性が学校教育の中でそれなりに重視されるようにはなってきたかもしれない。近年の文部科学省による「主体的・対話的で深い学び」の提起は、少なくともめざす方向性については評価できるものであると考えられる。

　ただし、一言付け加えておくべきは、学びにおける真の内発性を保障することは容易ではないということである。また、社会の側から学びの内発性を求める動きにも注意が必要だという点である。そのあたりの議論にはさまざまな論点があり、ここで簡単にはふれられないが、同書の最終章である第10章「疑似的内発性」では、こうした問題にふれている。その点でも、同書は先駆的であるといってよいように思われる。

────────────── ［引用文献］ ──────────────

● 波多野誼余夫・稲垣佳世子（1973）『知的好奇心』中央公論新社

第3章

成人期における主体的な学びの態度
―年齢による変化ならびに人生満足度との関連―

1
問題
---

[1] 主体的な学びの態度とは何か

　本章は、主体的な学びの態度をどのように捉えるかについて、第1章ならびに第2章で提起した考えに依拠している。それゆえ、詳細な説明はそれらに譲り、ここでは、簡潔な整理を行っておきたい。

　人間は、本来的に主体的に学ぼうとする志向性をもっている (Greenberg, 1994/2010)。Gray (2009; 2011; 2013/2018) は、狩猟採集民の子どもたちが、共同体の中で遊びを通じて必要な学びを積み重ねていく姿を根拠のひとつとして、そのような学び方が人間の生物学的本性に適合的な学びであると主張している。そのような中で展開される学びは、すぐれて主体的なものであるといってよい（竹内, 2020; 2021）。にもかかわらず、高度に発展した社会システムに適応するために、私たちが本来もっている主体的

な学びの態度は抑制されがちである。近代になって発明され今日の人間社会にあまねく普及している学校教育は、その時々の社会にとって重要と考えられる知識や技能を新たな世代が学んで身につける場として、とても効率の良いシステムだと考えられてきた。近代に成立してきた一斉授業形式を基本とするような学校教育のスタイルは、産業革命期においてとりわけ必要とされた質の良い工場労働者を育てることを企図した面があったことが指摘されている[1] (Gray, 2013/2018; Greenberg, 1995/1996; 勝野, 2016)。

　しかし、学ぶ側からすると、学校教育に適応すればするほど、特に過剰に適応するほど、あらかじめ設定された枠内での学びに閉じてしまう傾向が強まる可能性がある。その結果、自らに生じる興味・関心や、自らが置かれた状況からくる必要性に対して、学びの態度が開かれにくくなりうる。また、学びの場において競争的な文脈が強まれば他者との協同性の中での学びも形成されにくくなるだろう。

　他方で、学校教育が社会の中で果たしてきた役割は極めて大きいものであることも確かである。もっとも本質的な貢献は、教育を通じて人々が、社会の維持や発展のために必要な諸能力を身につけてきたことである。それは社会に対する貢献であるとともに、学習者に知識や技能の獲得をもたらしてもいるのである。ただし、ここで問題としたいのは、知識や技能の獲得が、かならずしも主体的な学びの態度の向上とは結びついていないのではないかという点である。

　それゆえ、学校教育から離れた成人期において、主体的な学びの態度が年齢とどのように関係するかを検討することには、重要な意義があると考えられる。

［2］主体的な学びの態度の測定：成人期への適用

　主体的な学びの態度が年齢とどのように関係するかを検討するために

は、主体的な学びの態度を捉える指標、言い換えればそれを測定するための尺度が必要である。

　主体的な学びの態度を捉える際には、まず、その構成要素がいかなるものかを考える必要があるだろう。その点について本書第2章では、以下のように述べている。「学校のような教育システムを離れても持続しうる学びの態度に着目する。そうすると、その重要な構成要素として、学びにおける積極性・能動性と自主的な判断にもとづく自律性、ならびに他者との関係性が重要になってくるのではないかと考えられる」(本書第2章, p.64)。

　こうした着想にもとづき、本書第2章では、主体的な学びの態度を学びにおける積極性・能動性と自主的な判断にもとづく自律性、ならびに他者との協同的な関係性が中核的要素となるものと捉え、13項目からなる質問項目群を試作した。そして、大学生を対象として2度にわたる調査にもとづく検討を行い、8項目からなる「主体的な学びの態度尺度」を作成した。この尺度は、「自発的学び」と「対人的学び」の2つの下位尺度によって構成されており、ある程度の信頼性（再検査信頼性、内的整合性）と妥当性（併存的妥当性）が確認された。なお、併存的妥当性は、積極的関与・継続意志尺度（浅野, 2002）および知的好奇心尺度（西川・雨宮, 2015）との関連の強さによって検討された。

　本章では、本書第2章で作成した主体的な学びの態度尺度を幅広い年齢層の成人に適用することで、年齢にかかわる仮説を検討することを、目的のひとつとして位置づける。その仮説とは、年齢が高くなるほど主体的な学びの態度の傾向が強くなるというものである。つまり、恒常的に学びへの促しがある学校教育から離れる期間が長いほど、学びへの態度は主体的にならざるをえないと考えたのである。

　なお、幅広い年齢層の成人にこの尺度を適用することで、この尺度の信頼性（内的整合性）の検討もあわせて行いたい。

［3］主体的な学びの態度は幸福と関連するのか

　本研究では、主体的な学びの態度と成人期における年齢との関連を検討するにとどまらず、成人期における主体的な学びの態度と幸福との関連についても検討することを企図した。両者の関連の検討は、本章の第2の目的でもある。では、なぜ両者の関連を検討するのか。

　この問題は、そもそもなぜ主体的な学びの態度を研究するのかという、より本質的な問題とかかわっている。主体的な学びの態度を研究すべき理由[2]は、主体的に学ぶ態度が、人が良き人生を歩むうえで重要な役割を果たしうる、言い換えれば、主体的な学びの態度は人の良き状態（well-being）をもたらすための重要な要因だと考えられるからである。少なくとも、自分の考えや判断がなく、他者の指図通りに生きているといったような主体のない状態は、幸せとはみなせないだろう。

　では、そもそも幸福とはどのようなことをいうのだろうか。幸福については古くから多くの議論がなされてきている。比較的近年においても、たとえば英語圏の倫理学においては、幸福を論じるのに快楽説、欲求充足説、客観リスト説という3つの立場が対立しているといわれている（江口, 2022）。ごく簡略化するならば、快楽説は、幸福のことを「我々が感じる満足や快楽と苦痛の欠如であるとする立場」、欲求充足説は「欲求の実現が我々にとっての利益であり幸福であると考える立場」、客観リスト説は「満足、快楽、欲求といった主観的な基準ではなく、生命、健康、知識、友愛など、ある程度客観的に価値があると認められた利益があると主張する立場」（江口, 2022, p.115）とそれぞれ説明しうる。江口（2022）は、幸福は構成された概念であり、われわれは動機や目的があって幸福を問題にするのだから、特定の立場を絶対的なものとするのではなく、動機や目的に応じて幸福を操作的に定義すべきものと主張している。筆者はその主張に同意する。

　では、主体的な学びの態度と幸福とが関連しうる可能性を示す手がか

りはあるのだろうか。その点に関しては、ポジティブ心理学の提唱者である Seligman（2011/2014）の議論が示唆的であろう。彼は、良き状態（well-being）[3] を構成するものとして、①ポジティブ感情（Positive Emotion）、②エンゲージメント（熱中する活動）（Engagement）、③良好な人間関係（Relationship）、④人生や活動の意味（Meaning）、⑤達成（Accomplishment/Achievement）、の5つの要素を指摘している。なお、よき状態を構成する5要素は、これらの頭文字を取って、PERMAと称されている。

　これらの要素は、主体的な学びの態度尺度が測定しようとするものとの間に共通点があると考えられる。主体的な学びの態度尺度（表3-1参照）は、自発的学びと対人的学びの2つの下位尺度によって構成されている。このうち自発的学びは、項目の意味も勘案すると、②エンゲージメント（熱中する活動）や⑤達成との関連があるように思われる。また、対人的学びは、当然、③良好な人間関係との関連があると想定されるのである。

[4] 幸福の指標としての人生満足度

　では、本研究では幸福をどのように測定するのか。

　幸福は、かつては科学的研究の対象にはなりにくかったのだが、今ではさまざまな測定指標が用いられ、幸福とかかわる要因についての検討も広範に行われるようになってきている。幸福の指標には、大きく分けて客観的な測度を用いるものと主観的な測度を用いるものがある（子安 他, 2012）。幸福にかかわる3つの立場との関連でいえば、客観的な測度を用いるものは客観リスト説に、主観的な測度を用いるものは、快楽説あるいは欲求充足説に大まかに対応しているといえるだろう。

　客観的な測度を用いるものの代表例として、人間開発指数があげられる。これは①出生時平均余命、②成人識字率と初・中・高等教育総就学率の合成変数、③購買力平価で計算した一人当たりGDPの3要因によって構成される合成変数である（国連開発計画, 2011）。これは、もともと特

定の国や地域の特徴を示すために用いられる指標であって、個人の変数として扱うには向いていない。

　工夫次第で、幸福の客観的変数を個人差の変数として用いることは可能であるだろう。しかし、たとえば生命や健康、知識、友愛といったものをどう指標化するか、また指標化できたとして、それをどう測定できるのか、といった困難な障壁がある。

　それに対して主観的な幸福の指標については、これまでさまざまな尺度が開発され用いられてきた（中坪 他, 2021）。実際の測定における扱いやすさという点で優れているということができる。もちろん、あくまで個人の主観であり、その時々の気分によって変動しうるものではあるが、それでも個人の中では比較的安定した一貫性があるという調査結果もある（大石, 2009）。

　主観的な幸福の指標の代表例の一つが、Diener（1985）らが作成した、人生満足度尺度である。人生に対する満足度を捉えることをもって主観的幸福感の指標としている。信頼性と妥当性の検討がなされており、また、5項目からなる比較的簡便な尺度であることもあって、主観的幸福感を測定する尺度として、多くの研究で用いられてきた（大石, 2009）。本研究においても、簡便に使用することができ調査対象者の負担も少ないことから、主観的幸福感の指標としてこの尺度を用いることとした。

5 本章の目的

　ここまでのところで、すでに、本研究の2つの主要な目的について簡単にふれたが、あらためてここで、本研究の主要な目的を整理しておきたい。

　本研究の第1の目的は、成人期において主体的な学びの態度が年齢との間にどのような関係があるかを探ることである。この目的に対応して、年齢が高くなるほど主体的な学びの態度の傾向が強まるとの仮説を設定する。第2の目的は、成人期における主体的な学びの態度と主観的幸福

感の関連を探ることである。

　これら2つの目的に対応して、2つの調査を実施した。本章は、それら2つの調査結果を報告し、主体的な学びの態度が成人期においてもつ意味を検討する。

　なお補足的な目的として、主体的な学びの態度尺度を成人期に適用した際の信頼性（内的整合性）の検討も挙げておきたい。この補足的な目的は、2つの調査それぞれにおいて検討されるものである。

2

第1調査
—主体的な学びの態度と年齢との関係—

[1] 目的

　第1調査の主たる目的は、成人期において主体的な学びの態度が年齢との間にどのような関係があるかを探ることである。この目的に対応して、年齢が高くなるほど主体的な学びの態度の傾向が強まるとの仮説を設定する。

　なお、第1調査では、年齢以外にも、主体的な学びの態度にどのような人口統計学的な変数（ここで取り上げるのは、性別、最終教育段階、世帯年収の3変数）が関連しているかについても検討を行う。加えて、主体的な学びの態度尺度の信頼性の検討も行う。

[2] 方法

調査対象者と手続き

　株式会社クロス・マーケティングのネットリサーチ・データベースに登録されたモニターから全国の20代〜70代までの学生を除く[4] 成人を対象

として調査を実施し、974名から回答を得た。そのうち尺度項目すべてに同じ選択肢を連続して選んでいるため分析の対象とならないデータを除外した結果、838名（有効回答率：86.0%）が分析対象となった[5]。なお、調査はすべて匿名で実施され個人の回答が特定されないことと調査への参加が自発的なものであることから、研究倫理上の問題はないと判断した。

調査時期

2021年2月18日〜19日であった。

使用した尺度と質問項目

・主体的な学びの態度尺度

本章第2章（初出は竹内, 2021）で作成した8項目からなる尺度である（表3-1参照）。項目番号は、第2章とは別に、8項目調査として新たに付した。「自発的学び」（代表的項目「自分が本当に興味のあることなら、どれほど難しくても挑戦する価値があると思う」）と「対人的学び」（代表的項目「学びたいことでわからないことが出てきたら、知っていそうな人に積極的に質問する」）の2つの下位尺度からなる。「あてはまる」（5点）、「どちらかといえばあてはまる」（4点）、「どちらともいえない」（3点）、「どちらかといえばあてはまらない」（2点）、「あてはまらない」（1点）の5段階評定で回答を求めた。すなわち、得点が高いほど主体的な学びの態度の傾向が強くなるように採点された。

・その他の質問項目

年齢については、実年齢の記入を求めた。

性別については、「女性・男性・その他・回答したくない」のいずれかを選択することを求めた。

最終教育段階については「中学校・高等学校・専門学校・短期大学／高等専門学校・大学・大学院」のいずれかを選択することを求めた。

世帯年収については、「0-99万円」から「1200万円以上」まで13の選

択肢を用意し、その中から選択することを求めた。

⌜3⌟ 結果と考察

① 主体的な学びの態度尺度の因子分析

　主体的な学びの態度尺度の項目ごとの得点をもとに、全有効回答者838名の因子分析を行った結果を表3-1に示す。第2章で示した項目の分類とほぼ同様の結果が得られた。ただし、項目2「自分が努力して学んだことを社会の役に立てたいと思う」について、竹内（2021）では、自発的学びに相当すると考えられる因子の方に負荷が高かったが、今回は、対人的学びに相当すると考えられる因子に負荷が高かった。こうしたちがいは認められるものの、2つの因子による項目の分離は明瞭になされているので、各因子に付加の高い項目をもって、下位尺度を構成することとした。

　すなわち、因子1に高い負荷を示した5項目の平均得点を自発的学び

表3-1 主体的な学びの態度の因子分析＊の負荷量と各項目の平均値・標準偏差［第1調査］

No.	項目内容	因子1	因子2	M	SD
8	自分が本当に興味のあることなら、どれほど難しくても挑戦する価値があると思う	.90	-.11	4.01	0.83
7	何かを自発的に学ぶことは楽しいことだ	.78	.03	4.02	0.83
1	好きなことを自由に学ぶことはすべての人にとって、重要な権利だと思う	.57	.01	4.42	0.73
3	興味が湧いてきて調べているうちに夢中になって、時間が経つのを忘れてしまうことがある	.47	.11	3.88	0.94
6	人が何をどのように学ぶかは、本人が責任をもって選ばなければならない	.40	.15	3.72	0.83
4	学びたいことでわからないことが出てきたら、知っていそうな人に積極的に質問する	-.04	.64	3.28	1.00
5	自分が学んでいることを人にわかりやすく説明できる	.02	.58	3.00	0.99
2	自分が努力して学んだことを社会の役に立てたいと思う	.24	.41	3.74	0.95

＊最尤法、プロマックス回転

得点、因子2に高い負荷を示した3項目の平均得点を対人的学び得点とした。なお、各尺度を構成する項目群のα係数は、下記の通りであった。

自発的学び：$\alpha = 0.77$

対人的学び：$\alpha = 0.61$

② 自発的学びと対人的学びの性別および年代によるちがい（2要因分散分析）

　年代ごとの自発的学びと対人的学びの得点平均を年代別および男女別に算出し、95%信頼区間とともに図示したものが図3-1および3-2である。グラフ上の平均値や信頼区間の表示が重なってわかりにくいため、便宜的に男女で別のグラフを作成した。両態度について、年代と性別の2要因分散分析を実施したところ、自発的学びは年代の主効果のみ有意であり、性別の主効果および交互作用は有意ではなかった。対人的学びは、年代・性別の主効果ならびに交互作用のいずれも有意ではなかった。

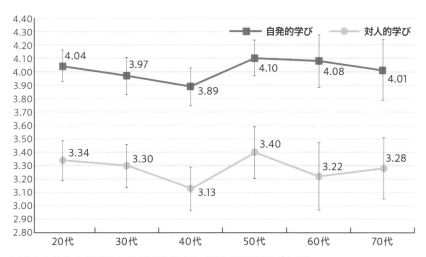

図 3-1 主体的な学びの年代別平均得点と 95% 信頼区間（女性）

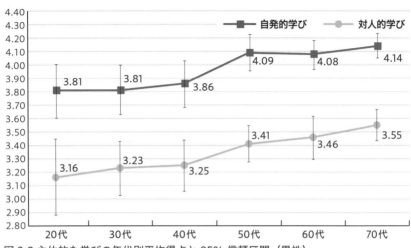

図 3-2 主体的な学びの年代別平均得点と 95% 信頼区間（男性）

［自発的学び］

年代：$F_{(5, 826)} = 3.78$, $p < .01$

性別：$F_{(1, 826)} = 1.34$, n.s.

交互作用：$F_{(5, 826)} = 1.28$, n.s.

［対人的学び］

年代：$F_{(5, 826)} = 1.91$, n.s.

性別：$F_{(1, 826)} = 1.48$, n.s.

交互作用：$F_{(5, 826)} = 1.63$, n.s.

　自発的学びでは年代の主効果が有意であったので、年代間の Bonferroni の法による多重比較（5% 水準）を行ったところ、以下の 2 群間で差がみられた。

70代 > 30代

70代 > 40代

50代 > 40代

　なお、自発的学びの2要因分散分析では、性差も交互作用もみられなかったので、通常、男女に分けた分析を行う必要はない。しかし、図3-1と3-2のグラフの形状は男女で異なっていることから、男女別の探索的分析を行うこととした。すなわち、男女別に年代を独立変数とした1要因分散分析を行ったところ、男性でのみ年代による有意な差がみられた。

[自発的学び]
女性：$n = 376$, F (5, 370) = 1.14, $n.s.$
男性：$n - 462$, F (5, 456) - 4.66, $p < .001$

　男性で、年代間に有意差がみられたので、多重比較（Bonferroniの法、5%水準）を行ったところ、以下の2群間で差が認められた。

70代 > 20代

70代 > 30代

70代 > 40代

[対人的学び]
女性：$n = 376$, F (5, 370) = 1.12, $n.s.$
男性：$n = 462$, F (5, 456) = 3.15, $p < .01$

　男性で、やはり年代間に有意差がみられたので、多重比較（Bonferroniの法、5%水準）を行ったが、いずれの2群間でも有意な差はみられなかった。女性では、年齢群間の平均値にはある程度差があるように見えるにも

かかわらず、自発的学び・対人的学びのいずれにおいても年代間で有意な差がみられなかったのは、図3-1の95%信頼区間に示されているように、得点のばらつきの大きさが関係しているように思われる。

③自発的学びと対人的学びを従属変数とし、他の変数を独立変数とした重回帰分析

　自発的学びと対人的学びを従属変数とし、年齢、最終教育段階および世帯年収を独立変数とした重回帰分析を行った結果を表3-2に示す。男女で年代間の変化にちがいがみられた前記②の結果にもとづき、重回帰分析も男女別に行った。

　まず自発的学びをみると、女性ではいずれの変数とも有意な関連がみられなかったが、男性では、年齢が0.1%水準で有意な関連を示したほか、最終教育段階と世帯年収の変数も5%水準で有意な関連を示した。

　次に対人的学びをみると、男女ともに世帯年収とは有意な関連（女性で1%水準、男性で0.1%水準）がみられたほか、男性でのみ年齢と1%水準で有意な関連がみられた。

　自発的学び・対人的学びの両者ともに、男性でのみ年齢と有意な関連を示したことは、前記②の1要因分散分析の結果と一致する。また、最終教

表 3-2 重回帰分析による標準偏回帰係数 ［第 1 調査］

	自発的学び		対人的学び	
	女性	男性	女性	男性
	$n = 376$	$n = 462$	$n = 376$	$n = 462$
年齢	.03	.22***	.04	.19***
最終教育段階	.03	.12*	.08	.06
世帯年収	.02	.10*	.18**	.20***
Adjusted R^2	-.01	.07	.04	.07

***$p < .001$　**$p < .01$　*$p < .05$

育段階や世帯年収の関与が男女で異なっていることも明らかとなった。

[4] 第1調査のまとめ

　図3-1と3-2にみられるグラフの形状が男女間で異なっていることから、探索的分析として男女別に年代を独立変数とする1要因分散分析を行ったところ、自発的学びと対人的学びのいずれにおいても男性でのみ年代間の有意差がみられた。また多重比較では、自発的学びでのみ、70代と20代、30代、40代との間に有意な差が認められた。

　重回帰分析においても、自発的学び・対人的学びの両者に対する年齢の有意な関与が男性にのみみられた。また、最終教育段階や世帯年収の関与についても男女間でちがいがみられた。

　こうした結果を考え合わせると、主体的な学びの2変数が年齢とともに高くなるのは、男性にのみみられる傾向であるといえる。すなわち、仮説は男性でのみ支持された。

　年齢にともなう得点傾向は、あくまで横断データにもとづくものであり、発達的変化を反映しているのか、世代的特徴を反映しているのかは判断できない。なお、主体的な学びの年齢間のちがいや関与する変数について男女間で異なる傾向がみられた点については、総合的考察において、検討を加えることとする。

第2調査
―主体的な学びの態度と主観的幸福感の関係―

[1] 目的

　第2調査の主たる目的は、成人期における主体的な学びの態度と主観的幸福感の関連を探ることである。

　加えて、主体的な学びの態度尺度の信頼性の検討も行う。

[2] 方法

調査対象者と手続き

　株式会社クロス・マーケティングのネットリサーチ・データベースに登録されたモニターから全国の20代、40代、60代の成人を対象として調査を実施し、496名から回答を得た。そのうち、どちらかの尺度項目すべてに同じ選択肢を連続して選んでいる162名については不適切な回答を行っていると判断して除外した結果、334名（有効回答率：67.3%）が分析対象となった。なお、調査はすべて匿名で実施され個人の回答が特定されないことと調査への参加が自発的なものであることから、研究倫理上の問題はないと判断した。

調査時期

　2022年3月8日〜10日であった。

使用した尺度と質問項目

・主体的な学びの態度の指標

第1調査と同じものを用いた。

・主観的幸福感の指標

人生満足度質問紙（Diener et al., 1985）を使用した。なお日本語訳は子安ら（2012）によるものを参考にした拙訳である（表3-4参照）。5項目で構成され、各項目に対し、「まったくあてはまる」（7点）、「あてはまる」（6

表 3-3 主体的な学びの態度の因子分析*の負荷量と各項目の平均値・標準偏差［第2調査］

No.	項目内容	因子1	因子2	M	SD
7	何かを自発的に学ぶことは楽しいことだ	.83	.05	4.08	0.85
8	自分が本当に興味のあることなら、どれほど難しくても挑戦する価値があると思う	.82	.02	4.01	0.84
1	好きなことを自由に学ぶことはすべての人にとって、重要な権利だと思う	.68	-.11	4.50	0.71
6	人が何をどのように学ぶかは、本人が責任を持って選ばなければならない	.60	.01	3.77	0.83
3	興味が湧いてきて調べているうちに夢中になって、時間が経つのを忘れてしまうことがある。	.39	.21	3.83	0.95
2	自分が努力して学んだことを社会の役にたてたいと思う	.35	.24	3.78	0.93
4	学びたいことでわからないことが出てきたら、知っていそうな人に積極的に質問する	-.08	.95	3.26	1.05
5	自分が学んでいることを人にわかりやすく説明できる	.08	.46	2.96	1.01

＊最尤法、プロマックス回転

表 3-4 人生満足度の因子分析*の負荷量と各項目の平均値・標準偏差

No.	項目内容	因子1	M	SD
1	大体において、私の人生は理想に近いものである。	.83	3.88	1.51
2	私の生活環境は、すばらしいものである。	.74	4.42	1.31
3	私は、自分の人生に満足している。	.86	4.41	1.34
4	これまで私は望んだものは手に入れてきた。	.75	3.94	1.40
5	人生をもう1度やりなおすとしても、私には変えたいと思うところはほとんどない。	.72	3.28	1.64

＊最尤法

点)、「どちらかといえばあてはまる」(5点)、「どちらともいえない」(4点)、「どちらかといえばあてはまらない」(3点)、「あてはまらない」(2点)、「まったくあてはまらない」(1点)の7段階での評定が求められた。

[3] 結果と考察

① 各尺度の因子構造と得点化

主体的な学びの態度

項目得点を因子分析して、第2章同様、自発的学びと対人的学びの2因子に分かれることを確認した(表3-3)。各因子に付加の高い項目で下位尺度(自発的学び、対人的学び)を構成した。なお、各尺度を構成する項目群の α 係数は、下記の通りであった。

自発的学び： $\alpha = 0.76$
対人的学び： $\alpha = 0.61$

人生満足度

項目得点を因子分析して、1因子構造であることを確認した(表3-4)。5項目の平均得点を尺度得点とした。なお、尺度を構成する項目群の α 係数は、下記の通りであった。

$\alpha = 0.88$

② 各尺度の年代別・性別比較

人生満足度の年代別・男女別の平均得点を表3-5に示した。年齢群×性別の2要因分散分析を行ったところ、年齢群の主効果は有意であったが($F_{(5, 2)} = 5.12$, $p < .01$)、性別の主効果($F_{(5, 1)} = 0.26$, $n.s.$)、および交互作用(F

$(5, 2) = 2.82,$ *n.s.*）はいずれも有意ではなかった。

　年齢が高くなるほど人生満足度は低くなる傾向があるといえる。

　自発的学びの態度の年代別・男女別の平均得点を表3-6に示した。年齢群×性別の2要因分散分析を行ったところ、年齢群の主効果は有意であったが（$F_{(2, 328)} = 4.01$, $p < .05$）、性別の主効果（$F_{(1, 328)} = 0.39$, *n.s.*）、

表 3-5 人生満足度の年代別・男女別平均得点と標準偏差

年齢群	性別	平均値	標準偏差	度数
20代	女性	4.47	1.05	55
	男性	4.03	1.27	50
40代	女性	3.94	1.17	54
	男性	4.03	1.39	58
60代	女性	3.67	1.07	63
	男性	3.82	1.07	54

表 3-6 自発的学びの態度の年代別・男女別平均得点と標準偏差

年齢群	性別	平均値	標準偏差	度数
20代	女性	3.92	0.57	55
	男性	3.82	0.73	50
40代	女性	4.06	0.63	54
	男性	3.95	0.61	58
60代	女性	4.05	0.54	63
	男性	4.15	0.48	54

表 3-7 対人的学びの態度の年代別・男女別平均得点と標準偏差

年齢群	性別	平均値	標準偏差	度数
20代	女性	3.07	0.85	55
	男性	2.92	1.09	50
40代	女性	3.21	0.90	54
	男性	3.16	0.86	58
60代	女性	3.13	0.77	63
	男性	3.14	0.76	54

および交互作用（F (2, 328) = 1.07, n.s.）はいずれも有意ではなかった。

　年齢が高くなるほど自発的学びの態度は高くなる傾向があるといえる。

　対人的学びの態度の年代別・男女別の平均得点を表3-7に示した。年齢群×性別の2要因分散分析を行ったところ、年齢群の主効果（F (2, 328) = 1.40, n.s.）、性別の主効果（F (1, 328) = 0.47, n.s.）、および交互作用（F (2, 328) = 0.23, n.s.）のいずれも有意ではなかった。

③ 年齢群ごとの変数間相関

　年齢群ごとに、人生満足度、自発的学び、および対人的学びの3変数間の関連をみるために、相関係数を算出した（表3-8）。

　その結果、対人的学びはどの年齢群でも人生満足度と有意な関連がみられるが、自発的学びは、60代においてのみ人生満足度と有意な関連を示した。ただし、その相関係数は、0.20であって、あまり高い値ではない。また、60代では自発的学びと対人的学びの相関が0.51と比較的高いことから、60代における自発的学びと人生満足度との有意な相関は対人的学びの影

表 3-8 各年代における変数間の相関係数

20代 (n = 105)		
	自発的学び	対人的学び
人生満足度	-.06	.31**
自発的学び		.28**
40代 (n = 112)		
	自発的学び	対人的学び
人生満足度	.04	.46**
自発的学び		.38**
60代 (n = 117)		
	自発的学び	対人的学び
人生満足度	.20*	.40**
自発的学び		.51**

* $p < .05$　** $p < .01$

表 3-9 男女別の各年代における変数間の相関係数

20代の女性 (*n* = 55) ／ 20代の男性 (*n* = 50)		
	自発的学び	対人的学び
人生満足度	.12 ／ -.21	.32** ／ .29*
自発的学び		.29* ／ .26
40代の女性 (*n* = 54) ／ 40代の男性 (*n* = 58)		
	自発的学び	対人的学び
人生満足度	-.02 ／ .09	.34* ／ .57**
自発的学び		.39** ／ .33*
60代の女性 (*n* = 63) ／ 60代の男性 (*n* = 54)		
	自発的学び	対人的学び
人生満足度	.25 ／ .13	.42** ／ .37**
自発的学び		.55** ／ .46**

* p < .05   ** p < .01

響を受けている可能性があると考えられる。それゆえ、対人的学びの影響を除去した自発的学びと人生満足度の偏相関係数を求めたところ、$\rho_{XY\text{-}Z}$ = 0.04 となり有意な関連はみられなくなった。よって、人生満足度に寄与するのは、主体的な学びの態度のうち対人的学びだけであるといえる。

　なお参考までに、男女別でも各年代における変数間の相関を算出したものを表3-9に示した。男女込みにした場合と同様、人生満足度は一貫して対人的学びとは有意な相関を示すが、自発的学びと人生満足度との間には有意な相関はみられなかった。

[4] 第2調査のまとめ

　成人期において、主体的な学びの態度のうち、自発的学びは年齢が高くなるほど高くなる傾向がみられたが、対人的学びにはそうした年齢傾向はみられなかった。主体的な学びの態度の2つの下位尺度にみられた年齢によるちがいは、第1調査の結果と同様であると言ってよいだろう。

　それに対して人生満足度は、年齢が高いほど低くなる傾向がみられた。

3つの変数のうち2つに年齢群間の有意差が認められたことから、変数間の関連の分析は年齢群ごとで行うこととした。

　各年齢群における変数間の関連分析から、いずれの年齢群でも他者との関係性の中で学ぶ態度（対人的学び）は主観的幸福感（人生満足度）に寄与する可能性が示唆された。それに対して、自発的学びと人生満足度との間に有意な関連は認められなかった。

　当初の予想では、主体的な学びの態度の2つの下位尺度は、いずれも人生満足度と関連するものと予想されたが、有意な関連が認められたのは対人的学びだけであった。なぜこうした結果が得られたのかについては、以下の総合的考察で検討することとしたい。

4
総合的考察

［1］主体的な学びの態度は、年齢とどのように関係しているのか：第1の目的の検討

　第1の目的に対応した実証的検討は主として第1調査でなされているが、年齢との関連については第2調査でもみることができる。ここでは、主として第1調査の結果に依拠しつつ、第1調査とは若干異なる結果を示す点については、第2調査にも言及することとしたい。

　20代〜70代までの各年代を対象者とした第1調査では、図3-1において、男女別、年代別に得点の年齢にともなう推移をみると、男女で異なる傾向があることがうかがわれた。そこで男女別に1要因分散分析を行った結果、自発的学び、対人的学びともに、男性でのみ年代間での有意な差が認められたが、女性では有意な差はみられなかった。男性は年代の上昇にともなって、どちらの変数でも、緩やかだがほぼ直線的に得点が増加し

ているのに対して、女性では、どちらの変数でも、年代によって得点はジグザグな推移を示し、特に40代でもっとも得点が低くなっている。ただし、女性では得点のばらつきも大きいために、年代間での有意な差はみられなかった。第1の目的にかかる仮説は男性でのみ支持されたのである。

　年代間比較において男女で異なる結果がみられたことから、重回帰分析でも男女別に分析がなされた。その結果（表3-2）、男性でのみ、自発的学びも対人的学びも、ともに年齢と有意な正の関連を示した。この結果は、男性においては、年齢が高くなるほどどちらの尺度も得点が高くなる傾向があることを示している。

　第2調査で、女性における年代間の得点のちがいをみると、40代で得点が低くなる傾向はみられない。そもそも第1調査でも、女性の年代差は有意ではなかったので、わずかにみられる得点差は、考察で取り上げる必要のないものかもしれない。

　なお、第2調査では、主体的な学びの態度の下位尺度のうち、年代間で有意な差がみられたのは、自発的学びのみで、対人的学びには年代間で有意な差はみられなかった。

　さてここで、主体的な学びの態度の年齢との関連を整理しておこう。第1調査ではどちらの下位尺度も、少なくとも男性においては年齢の上昇とともに得点が高くなる傾向があること、また第2調査では、男女込みではあるが、自発的学びでのみ年齢の上昇とともに得点が高くなる傾向が明らかになった。こうした傾向性はどのように解釈されるだろうか。こうした主体的な学びの態度の成人における年齢にともなう得点の変化と似た傾向は、知的好奇心の成人における年齢差をみた近年の研究（汀・小塩, 2020）に見出すことができる。すなわち、汀・小塩（2020）によると、知的好奇心の下位尺度である特殊的好奇心は、年齢とともに緩やかにではあるが直線的に平均値が上昇する傾向がみられたのに対し、同じく下位尺度である拡散的好奇心は、成人期初期から中年期にかけて平均値が低下し、その後は高齢期にかけて上昇する軌跡を描いたのである。これ

ら知的好奇心の2つの尺度にみられた変化の軌跡は、本研究でみられた主体的な学びの態度の2つの尺度にみられた変化の軌跡と部分的には類似しているところがある。特に、特殊的好奇心にみられた年齢にともなう得点の緩やかな直線的上昇は、本研究の男性における自発的学びの結果と類似しているといえそうである。ちなみに、主体的な学びの態度尺度の開発を行った第2章では、同尺度の併存的妥当性の検討のために、知的好奇心尺度との関連がみられており、両尺度の下位尺度間に有意な相関があることが見出されている。

特殊的好奇心（汀・小塩, 2020）と本研究の男性における自発的学びに共通してみられた、年齢にともなう得点の緩やかな直線的上昇という特徴は、両者の間に何らかの共通性があることをうかがわせる。その共通性は、加齢にともなう経験の変化あるいは経験の蓄積なのか、あるいは世代差の反映なのかはわからないが、追求してみる価値があるように思われる点である。

[2] 主体的な学びの態度は、最終教育段階、世帯年収とどのように関係しているのか

年齢とともに最終教育段階と世帯収入の変数と自発的学びおよび対人的学びとの関連が男女別に重回帰分析を用いて検討された（表3-2）。対人的学びにおいては、男女共通して、世帯年収が有意に正の関連を示した。しかし、自発的学びにおいては、女性では、どちらの変数も有意な関連を示さなかったのに対して、男性では、最終教育段階・世帯年収ともに有意な正の関連を示した。

世帯年収が、男女ともに対人的学びと有意に関連していること、また男性では自発的学びとも関連していることは、経済的余裕が対人的学びを（男性では自発的学びも）伸長させる効果をもっていることを示唆するものかもしれない。

また、男性において自発的学びが最終教育段階と有意な関連を示した
ことは、学校教育の経験が主体的な学びの態度の形成に寄与する可能性
を示唆していると解釈できるかもしれない。他方、主体的な学びの態度
の傾向が強いほど、進学への動機づけが高かったという解釈も成り立つ。
本研究のデータは、あくまで横断研究によるものなので、因果の方向性
については、明確な解釈は困難である。今後の課題としたい。

③ 主体的な学びの態度は、人生満足度とどのように関係 しているのか：第2の目的の検討

　第2調査の結果から、主体的な学びの態度のうちの対人的学びは、20
代、40代、60代のすべての年齢群において、人生満足度との間に有意な
相関を示した。男女別でみた場合でも、男女ともに一貫してどの年代で
も両者の関連はみられた。

　他方、自発的学びについては、60代においてのみ、人生満足度との有
意な相関がみられ、他の年齢群では有意な関連はみられなかった。ただ
し、60代における自発的学びと人生満足度の関連の分析において、対人
的学びの影響を除いた偏相関係数は有意ではなかった。また、男女別で
みた場合には、どの年代でも自発的学びと人生満足度との間には有意な
相関はみられなかった。

　まとめるならば、成人期において対人的学びと人生満足度の間には関
連がみられたが、自発的学びは人生満足度との間には関連がなかったと
みなしてよいだろう。

　このような結果は、当初の想定とはやや異なるものである。当初の想
定では、主体的な学びの態度は、全体として良き状態（well-being）をも
たらしうるだろうというものであった。だが、良き状態の指標とした人生
満足度と関連していたのは、主体的な学びの態度の中でも対人的学びだ
けであったのである。なお、得られた結果はあくまで相関関係に過ぎな

いのであるから、対人的学びが人生満足度に影響を与えたのか、その逆なのか、あるいは、別の要因が関係しているのかはわからない。実際、人生に満足して幸福であることが、他者との関係性の中で学ぶことに動機づけられやすいということもありえそうなことではある。あるいは、対人関係の良好さといった媒介変数が、対人的学びと人生満足度の両者に関連している可能性も考えられる。

　ところで、なぜ自発的学びは人生満足度と有意な関連がみられなかったのだろうか。ひとつのありうる解釈は、たとえ自発的な学びの態度をもっていたとしても、その態度にもとづいて学ぶことができる環境がなければ、満足は得られないということであるかもしれない。

　あるいは、Seligman（2011/2014）が指摘する良き状態（well-being）を構成する5つの要素のうち、対人的学びは「良好な人間関係」という一つの要素を明確に代表しうるのに対して、自発的学びはいずれの要素も明確には代表しない可能性がある。自発的学びと主観的幸福感を媒介する可能性のある要因についても、今後検討すべき課題となるかもしれない。

［4］主体的な学びの態度尺度の因子的妥当性および　　信頼性（内的整合性）について

　主体的な学びの態度尺度の因子的妥当性についてここで検討を行う理由は、第1調査と第2調査で、因子分析にもとづく項目群の弁別に、1項目ではあるが相違が生じたからである。その項目は、「自分が努力して学んだことを社会の役に立てたいと思う」であった。第1調査の結果は、同項目が自発的学びに含まれるとする第2章の結果とも異なっており、同項目が対人的学びに含まれることとなった。なお、第2調査の結果は第2章と一致していた。

　たしかに、同項目に含まれる社会への志向性を考慮すると、意味的に

は対人的学びに含まれていてもおかしくはない。ただ、対象者によってどの下位尺度に含まれるかが異なる項目があることは、尺度の信頼性という点で問題があるかもしれない。主体的な学びの態度尺度を更新する機会があれば、優先的に検討すべき項目である。

　次に、主体的な学びの態度尺度の信頼性（内的整合性）について述べておきたい。第１調査で得られた内的整合性の指標であるα係数は、自発的学びで0.77、対人的学びで0.61であった。また第２調査では、それぞれ、0.76、0.61であった。自発的学びは比較的高い内的整合性を示すが、対人的学びについては、やや低い値であるものの、一定のまとまりを示す数値であると考えられる。

　なお、対人的学びの項目数は、第１調査で３項目、第２調査で２項目と数が少ないことが、今回の結果に関係しているだろう。つまり、項目数が少ないと、α係数の値は低くなりやすい。今後、項目数を増やすことも視野に入れるべきかもしれない。

［5］主体的な学びの態度と年齢との関係が男女で異なっていたのはなぜか

　この問題は、当初検討すべき項目には含まれていなかったが、興味深い点なので、考察を加えておきたい。

　おそらく、主体的な学びの態度を発揮しようとすれば、何らかの余裕が必要となってこよう。表3-2で示されたように、世帯年収が特に男性の自発的および対人的学びに有意に関与しており、女性でも対人的学びには関与している。男性では、調査対象者の中でいわゆる会社員の占める割合が高いと考えられるので、年齢が高くなるにつれて年収が高くなる傾向があると考えられる。つまり、経済的余裕が年齢とともに増していることが、男性の場合に自発的学び・対人的学びの両者が年齢に比例するように高くなることをある程度説明するのではないかと考えられる。ただ

し、70代ではすでに多くの人が退職していて世帯年収もそれ以前の年代と比較すれば下がっているはずであるにもかかわらず、男性では、両学び態度とも、70代の平均得点がもっとも高くなっている。これは、経済的余裕ではなく、リタイア後の時間的・精神的余裕を反映しているのかもしれない。

男性の変化に比して、女性の年代間の得点変化は複雑であり、解釈はより困難である。しかしこれも、時間的・精神的余裕という観点から解釈できる可能性がある。つまり、40代での落ち込みは子育ての負担、60代と70代での低下は親の介護の負担が反映しているのかもしれない。今日の社会においても、なお、こうした身近な人に対するケアの負担は、多くの場合女性により重くのしかかっているからである。

ここで述べた考察は、あくまで解釈可能性のひとつにすぎない。そもそも、経済的余裕や時間的・精神的余裕が主体的な学びの態度に貢献するというのも仮説にすぎない。とはいえ、検討してみる価値はある仮説であるように思われる。

[6] 本研究の限界と今後の課題

本研究の主要な限界は、発達研究であるにもかかわらず横断的手法を用いていることにある。一般的に言っても、発達的な変化や影響関係を探るうえで、横断研究には限界がある。本研究に即していえば、年齢によるちがいや年齢群間の差がみられたとしても、それが発達によるものであるのか、あるいは世代のちがいによるものであるのかは決めがたいのである。また、変数間の関連がみられたとしても、因果関係、あるいは影響関係を推定することには制約が大きい。

横断研究の限界をふまえれば、今後検討すべき課題のひとつは、縦断研究の実施であるといえるだろう。そのことによって、経年変化等の問題や変数間の影響関係について、より確かなデータを提供することができる。

調査対象者の代表性についても、本研究の限界として指摘しておくべきだろう。本研究で実施した2つの調査は、いずれもインターネットを介したオンライン調査によるデータを利用している。これは、幅広い年齢層からデータを得ることが比較的容易な調査手法である。しかし、インターネットの利用率には世代差があることが知られている。総務省（2022）の「令和3年通信利用動向調査の結果（概要）」によると、インターネットの利用率は、20代〜50代までのすべての世代で95％以上とかなりの高率になっているが、60代では84.4％、70代では59.4％と、その割合が相対的に少なくなっている。それゆえ、年齢の高い人々をインターネット経由の調査対象とすると、代表性の偏りの問題を生じることになる。たとえば、第1調査において、70代男性の自発的学びの得点が高かったことは、70代の対象者の代表性の問題と関連しているかもしれない。

　そうした点を考慮すれば、インターネット利用ではない調査方式を用いることも今後の課題として検討すべきであろう。

　さらに、主体的な学びの態度尺度の項目についても、今後、見直すことも課題として最後にあげておきたい。同尺度の因子的妥当性の議論のところでもふれたが、異なる対象者で実施した調査を因子分析したところ、1項目ではあるものの、下位尺度の所属が変わる項目が存在することがわかった。信頼性のある尺度として、今後も使い続けるのであれば、項目の更新や追加、あるいは取捨選択等を行うことが求められるだろう。

［注］

1）公教育システムが普及する以前、19世紀初め頃のイギリスにおいては、モニトリアムシステムと呼ばれる教育方法が採用されていた。数百人の生徒を集めた学校で、一人の教師が教えたことを、年長の子どもがモニターとして担当する子どもに反復して教えるという方法であり、「当時の工場生産の論理を反映して、効率・能率本

位の画一的生徒管理と個人・集団間の競争原理を教育に持ち込むものであった」（勝野, 2016, p.12）。公教育制度が整備される際、モニトリアムシステムの形式そのものが引き継がれることはなかったが、安価で効率的に 3R's を教えるという基本的な考え方は、公教育制度に確実に取り入れられていった。

2) 主体的な学びの態度を研究対象として取り上げるべきと考える理由には、今日における社会の側からの要請をあげることもできる。今日のように、技術革新が激しく社会のありようが素早く変化する時代においては、そうした時代の変化に対応していくことができる学習者の主体的な学びの態度が求められるようになっているのである。求められる新しい世代の特徴像は、均質で常識的な知識をもち組織や集団に従順に適応できるような人というより、主体的に学び自ら考え判断するような人が想定されていると言えるだろう（e.g.,文部科学省, 2012）。

3) Seligman（2011/2014）においては、幸福（happiness）という語が避けられ、ウェルビーイング（well-being）という語が強調して用いられている。以前の著作でSeligman（2002）は、主観的幸福感を一元的なものとして捉える考え方をとっていたが、2011 年の著作においては、主観的幸福感だけでは捉えきれないウェルビーイングに焦点をあてるべきだと主張するようになった。ウェルビーイングは多元的であり、PERMA と称される 5 つの要素によって構成されるものである。そうした点を考慮すると、本研究において、幸福の指標として人生満足感尺度のみを使用したことと、Seligman（2011/2014）を立論や考察に用いていることとは、いささか齟齬をきたしているともいえる。真の幸福ともいえる良き状態（well-being）をどのように測定するのかについても、今後検討を加えるべき課題である。

4) 本研究における調査対象者から学生を除いたのは、主体的な学びの態度尺度を作成した第 2 章で対象となったのが学生だったからである。すなわち、異なる属性の対象者でも、この尺度の有効性を確認するため、対象者を学生以外としたものである。

5) 質問紙調査において同一選択肢を連続して選んでしまうような回答はストレートライン回答（straight line response）と呼ばれ、まじめに調査に対応していない可能性が高いために分析から除外されることがある。本研究でも、調査を委託した株式会社クロス・マーケティングのすすめに従い、第 1 調査、第 2 調査ともに、こうしたストレートライン回答を除外して分析を行った。

　もちろん、回答者が真摯に調査に臨み回答した結果、同一選択肢を選び続ける

可能性もないわけではない。しかし、同一回答を行う調査対象者は回答指示を遵守していない傾向を示すなどの実証的知見が得られている（増田・坂上・北岡・佐々木, 2016）ことから、より信頼性の高い結果を導出するためには、やはりストレートライン回答は分析から除外すべきであると判断した。

――――――――――― ［引用文献］ ―――――――――――

● 浅野志津子（2002）「学習動機が生涯学習参加に及ぼす影響とその過程―放送大学学生と一般大学学生を対象とした調査から‐」『教育心理学研究』50, 141-151

● Diener, E., Emmons, R. A., Larsen, R. J., & Griffin, S.（1985）The satisfaction with life scale. *Journal of Personality Assessment*, 49（1）, 71-75

● 江口聡（2022）「幸福論三国志に別れを告げよう」『現代社会研究科論集：京都女子大学大学院現代社会研究科紀要』16, 115-126

● Gray, P.（2009）Play as a foundation for hunter-gatherer social existence. *American Journal of Play*, 1（4）, 476-522

● Gray, P.（2011）The evolutionary biology of education: How our hunter-gatherer educative instincts could form the basis for education today. *Evolution: Education and Outreach*, 4, 28-40

● Gray, P.（2013）*Free to LEARN: Why unleashing the instinct to PLAY will make our children happier, more self-reliant, and better students for life.* Basic Books.（吉田新一郎（訳）（2018）『遊びが学びに欠かせないわけ‐自立した学び手を育てる』築地書館）

● Greenberg, D.（1994）*Worlds in creation.* Sudbury Valley School.（大沼安史（訳）（2010）『自由な学びとは‐サドベリーの教育哲学』緑風出版）

● Greenberg, D.（1995）*Free at last: The Sudbury Valley School.* Sudbury Valley School Press.（大沼安史（訳）（1996）『「超」学校‐これが21世紀の教育だ』一光社）

● 勝野正章（2016）「イギリス公教育制度の成立と教育思想」斉藤利彦・佐藤学（編著）『新版 近現代教育史』学文社, 9-15

● 国連開発計画/横田洋三・秋月弘子・二宮正人（監修）（2011）「人間開発報告書2010（20周年記念版）：国家の真の豊かさ――人間開発への道筋」阪急コミュニケーションズ

● 子安増生・楠見孝・De Carvalho Filho, M. K.・橋本京子・藤田和生・鈴木晶子・大

山泰宏・Becker, C.・内田由紀子・Dalsky, D.・Mattig, R.・櫻井里穂・小島隆次（2012）「幸福感の国際比較研究―13ヵ国のデータ―」『心理学評論』55（1）, 70-89

- 増田真也・坂上貴之・北岡和代・佐々木恵（2016）「回答指示の非遵守と反応バイアスの関連」『心理学研究』87（4）, 354-363
- 汀逸鶴・小塩真司（2020）「知的好奇心の年齢差：日本人成人の横断調査による検討」『発達心理学研究』31（2）, 91-97
- 文部科学省（2012）「未来を創出する大学教育の構築に向けて～生涯学び続け、主体的に考える力を育成する大学へ～（答申案）」<https://www.mext.go.jp/b_menu/shingi/chukyo/chukyo4/siryo/__icsFiles/afieldfile/2012/08/14/1324511_1.pdf>（2022年9月1日閲覧）
- 中坪太久郎・平野真理・綾城初穂・小嶋祐介（2021）「幸福感尺度使用の現状と今後の展望」『淑徳大学研究紀要（総合福祉学部・コミュニティ政策学部）』55, 141-158
- 西川一二・雨宮俊彦（2015）「知的好奇心尺度の作成―拡散的好奇心と特殊的好奇心―」『教育心理学研究』63, 412-425
- 大石繁宏（2009）『幸せを科学する－心理学からわかったこと』新曜社
- Seligman, M. E. P.（2002）*Authentic happiness: Using the new positive psychology to realize your potential for lasting fulfillment.* Free Press.（小林裕子（訳）（2021）『ポジティブ心理学が教えてくれる「ほんものの幸せ」の見つけ方－とっておきの強みを生かす』パンローリング）
- Seligman, M. E. P.（2011）*Flourish: A new understanding of happiness and well-being-and how to achieve them. Nicholas Brealey.*（宇野カオリ（監訳）（2014）『ポジティブ心理学の挑戦－"幸福"から"持続的幸福"へ』ディスカヴァー・トゥエンティワン）
- 総務省（2022）「令和3年通信利用動向調査の結果（概要）」<https://www.soumu.go.jp/main_content/000815653.pdf>（2022年9月2日閲覧）
- 竹内謙彰（2020）「主体的学びが成立するための条件の探求」『立命館産業社会論集』56（2）, 1-20
- 竹内謙彰（2021）「主体的学び態度尺度の作成」『立命館産業社会論集』57（1）, 79-92

Column 4

学びと幸福感の一筋縄ではいかない関係

　第3章では、主体的な学びの態度と幸福感（人生満足度）との関係について検討がなされた。主体的な学びの態度のうち、人生満足度と対人的学びとの間には関連がみられるのに対して、自発的学びとの間には関連がみられないことが明らかになった。ただし、関連分析はすべて相関係数にもとづいてなされている点には、注意が必要である。相関係数は、2つの変数の間にある一次関数的な関係の強さの程度を示すに過ぎない。たとえば、変数Aの値が大きくなるにつれて、変数Bの値も途中までは大きくなるものの、あるところで減少に転じるような逆U字型のグラフを描くような関係は、相関係数には反映されにくいのである。

　こうした点とかかわって、「最適な幸福度」にかかわる興味深い指摘がある（大石, 2009, pp.155-164）。すなわち大石（2009）は、幸せが年収や結婚、健康など人生の様々な重要領域でポジティブな結果を導いていることがわかってきたが、幸福度（人生満足度）は高ければ高いほど良いとは限らず、最適なレベルがあると指摘するのである。たとえば、イリノイ大学の学生を対象に、人生満足度と学業成績との関連をみた研究では、人生満足度を「非常に幸せ」「幸せ」「まあまあ幸せ」「若干幸せ」「不幸せ」の5つのレベルに分け、各レベルの学業成績が比較されている（Oishi, Diener, and Lucas, 2007）。これら5つのレベルのうち、もっとも学業成績が良かったのは、人生満足度では上から2番目の「幸せ」群であり、1番目の「非常に幸せ」群は、「不幸せ」群より学業得点が高かったものの、「まあまあ幸せ」群あるいは「若干幸せ」群とはほぼ同じ程度であった。なお、人生満足度と授業への出席程度との間にも、似たような関係が見出されている。人生満足度はある程度高い方が学業達成のための努力を行うし実際に成績も高いのだが、人生満足度が非常に高くなると、学業達成の努力をあまり

しなくなるようなのだ。

　学業努力や成績には、適度な幸福感が望ましいようだが、社交的な対人関係となると様相が異なる。たとえば、人生満足度が高いほど、親しい友人の数が多くなる傾向があり、また、安定したパートナーがいる人の割合も高くなるのである（Oishi, Diener, and Lucas, 2007）。

　こうした知見をもとに、第3章で扱ったデータに補足的な分析を行ってみた。すなわち、人生満足度の単純合計得点を5つのレベル（不幸せ：6-11点、いくらか不幸せ：15-17点、いくらか幸せ：18-21点、幸せ：22-26点、とても幸せ：27-33点）に分けて、各レベルにおける自発的学びおよび対人的学びの平均得点を算出してみたのである。その結果を、図Column4に示した。

　このグラフからは以下のことがわかる。すなわち、対人的学びの得点は人生満足度の得点が高いほど高くなるという一次関数的な関係が認められるのに対し、自発的学びの得点と人生満足度の得点との間には、しいていえばU字型の関係があるようにもみえるが、何らかの関係があると主張することは困難であろう。実際、自発的学びの得点と対人的学びの得点のそれぞれを、人生満足度のレベルにもとづいて1要因分散分析を行ったところ、対人的学びでは有意な

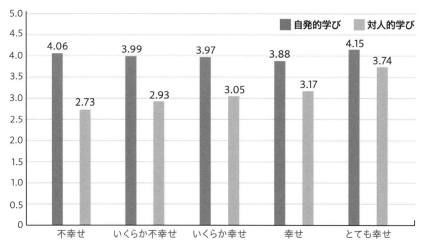

図Column4　人生満足度のレベルと主体的な学びの態度

差がみられた（*F* [4, 330] = 11.95 , *p* < .001）のに対し、自発的学びでは有意な差はみられなかった（*F* [4, 330] = 1.80 , *n.s.*）のである。これらの結果は、第3章の相関分析で見出された関係性と同様のものであるといってよい。

　ともあれ、ここでの補足的な分析から、人生満足度と対人的学びは比較的シンプルな一次関数的関係が認められること、ならびに、人生満足度と自発的学びとの間に、何らかの意味ある関係は見出されないことがわかった。大石の研究（大石, 2009; Oishi et al., 2007）で学業成績などとの間で見出された人生満足度の最適なレベルは、ここでの分析では見出されなかったのである。自発的学びはあくまで学びにかかわる態度であって、学業達成への努力や実際の達成などとは異なる意味をもっているのだと考えられる。自発的学びが幸福感とどのような関係をもっているのかは、さらに探求してみる価値がありそうに思われる。

[引用文献]

● Oishi, S., Diener, E. & Lucas, R. E.（2007）The optimal level of well-being: Can people be too happy? *Perspectives on Psychological Science*, 2, 346-360
● 大石繁宏（2009）『幸せを科学する－心理学からわかったこと』新曜社

第4章

主体的な学びの態度と子ども時代の遊び体験

1
問題

　本章は、20代〜30代の人たちを対象として、主体的な学びの態度と児童期（小学生時代）における遊び体験の関連を検討するために行った調査研究の報告を中核とするものである。主体的な学びの態度を測定するにあたっては、第2章で作成した尺度を用いた。その尺度については、一定の信頼性・妥当性をもつことが示唆されるとともに、成人期における発達的変化が検討され、また幸福感（人生満足度）との関連が検討されている（本書第2章および第3章）。

　今回、なぜ、子ども時代の遊び体験と主体的な学びの態度との関連を検討することとしたのか。その理由は、遊び体験が主体的な学びの態度の形成に寄与するのではないかと考えるに至ったからである。では、そのように考えるに至った根拠は何か。それには、「遊びを通じた学び」にかかわる実践や実証的研究、ならびに「遊びの進化」に関する研究の成果をあげる

ことができる。以下ではまず、それら2つの根拠について述べておきたい。

［1］遊びを通じた学び

　学びを楽しいものにしようとする教育的な努力は、今までさまざまな形でなされてきた。近年においても、PiagetやVygotskyの理論を根拠としつつ、プレイフルな学び（playful learning）の実践がなされてきている。

　たとえばBroadhead and Burt（2012）は、3〜5歳児を対象として、遊びが保障された環境の中で子どもたちがどのように学ぶかを書きとどめている。

　プレイフルな学びはプレイフルな教授法（playful pedagogy）とセットとなっている概念であるといってよい。効果的な教育を行う方法としてのプレイフルな教授法なのである。そこでの遊びは、ガイドされた遊び（guided play）と呼ばれる。ガイドされた遊びは、直接的な教示（direct instruction）と自由な遊び（free play）の中間に位置づくものである。ガイドされた遊びにおいては、単に学びを楽しくするというだけではなく、子どもの自発性や自主性を尊重しつつ、学びに結びつけることがめざされており、実際の学習効果としても、通常の直接的な教示以上のものが得られていると報告されている。そして、ガイドされた遊びのアプローチが効果的であるのは、それが子どもたちを能動的にし、学びのプロセスに積極的に参加するように促すからだと主張されている（Weisberg, et al. 2013）。

　ここで引用した2つの研究からは、以下の考えが導き出せる。すなわち、幼児期後期において適切なガイドされた遊びが即時的な学びを促すとともに、児童期における学びを促進する効果をもちうるという考えである。質問紙調査によって本章で検討しているのは青年期後期〜成人期初期の主体的な学びの態度であるので、幼児期において遊びと学びを結びつける実践にかかわる知見は、本章の検討の焦点からはいささか距離がある

ようにも思われる。しかしながら、子どもたちが幼児期において遊びを通じて学ぶ経験を重ねたとすれば、それは主体的な学びの態度の形成に寄与するのではないかと考えられるのである。それゆえ、ガイドされた遊びに関する知見は、「遊び体験が主体的な学びの態度の形成に寄与する」という本章の構想の第1根拠となりうるだろう。

2 進化によって形成された遊び

　本章の構想のもう一つの根拠として次に述べるのは、「遊びの進化」についてである。

　ここで述べるべきことの要点を先取りすると、遊びは進化によって獲得されてきた行動であり、遊ぶ動物にとって遊びは学びをもたらすものであるということになる。

　Gray（2009, 2011, 2013/2018, 2019）は、狩猟採集社会における子どもたちが、主体的な遊びを通じて生活に必要とされる膨大な知識や技能を着実に身につけていくことを紹介している[1]。本書第2章と第3章では、そうしたGrayの研究を引用しつつ、遊びを通じて学ぶ傾向性は人間にとっての生物学的本性であると主張してきた。このことをもって、本章の構想の第2の根拠としてもよいのであるが、ここではもう少し進んで、遊びが進化によって獲得されてきたとする論点について、述べておきたい。

　人類は、その進化のプロセスの期間の大部分を通じて、狩猟採集者として生き延びてきたと考えられている。農業や牧畜によって食糧生産を行い始めるのは、たかだか1万年前頃からであるので、数百万年かけて進化してきたさまざまな形質が、さらなる進化によって本質的な変容を遂げるには1万年という時間は十分ではないのである。したがって、現代社会に生きる人間たる私たちも、狩猟採集生活によって獲得してきたさまざまな形質を受け継いでいるのだ。

　しかし人類が、他の動物と比較して、とりわけよく遊ぶ傾向を進化の過

程で獲得してきたとする仮説を支持する確かな証拠を示すことは困難である。骨格の形状のように化石として残ったものがあれば、進化による年代的な変化をたどることができる。だが、遊びのような行動特徴は化石には残らない。行動特徴であっても、たとえば石器のような道具の作製であれば、祖先の人類がつくった道具が発掘されることで証拠になるが、遊びにはそれも当てはまらない。では、遊びの進化の証拠になるものは何か。

　遊びが進化の産物である証拠として取り上げられるのは、他の動物種にも同様に遊びが存在するかどうか、そしてそれがどのような機能をもつかに関する分析である。動物の遊びを進化の産物として位置づけた先駆者として取り上げられるべきなのは、ドイツの哲学者Karl Groosであろう。

　Groosは、以下のような主張を行っている。すなわち、動物の遊びは自然選択によって説明されるものであること、また遊びは新たな行動の獲得と緊密に結びついているという主張である（Groos, 1896 / 1898）。

　Groosの時代には、遊びの余剰エネルギー説（the surplus energy theory of play）が遊びを説明するもっとも有力な考え方であった。余剰エネルギー説を簡単に説明すると、生存のために必ずしも必要とされない行動である遊びは余剰なエネルギーを消費するためになされるという考えである。確かに、人間は子どもも大人も、何らかの余裕がなければあまり遊ぼうとはしない。多くの動物も確かにそうである。実際、ある程度の余剰エネルギーがなければ、生存の直接の必要とはかかわらない遊びが自然選択によって進化していくとは考えられないだろう。

　しかしながら、自然選択は生存のために必要な環境条件への適応にかかわるものであるので、単なる余剰エネルギーの消費のためだけの行動が進化の過程で選択されやすいということは考えにくい。偶然、適応にあまり意味のない行動が進化の途上で発現することはありえないことではないが、多くの動物種で遊び行動がみられるということは、やはりそこに何らかの適応にかかわるメカニズムがあると考えるべきである。その点でGroos（1896/1898）は、動物の子どもに対する親の養育に着目し、養

育下の比較的安全な状況の中で、子ども時代の動物は親（成獣）の示す行動の一部を取り入れつつ遊ぶことで、後の生存に必要なスキルを完成させるのだと主張した[2]。のちに本能練習説（the instinct practice theory）として知られるようになった考え方である。

　Burghardt and Pellis（2019）は、近年、動物の遊びにかかわる多くのデータが蓄積されつつあり、かつては哺乳類や鳥類などの一部でのみみられると考えられていた遊び行動が、脊椎動物の広範囲にわたって存在しうること、また一部の無脊椎動物にも認められることがわかってきたと述べている。これほど広範囲に遊びが認められると主張するためには、どのような行動を遊びと捉えるべきかについて基準が必要である。Burghardt and Pellis（2019）は、以下に記す5つの基準がすべて該当する行動を遊びと定義している。

1. その行動が発現する状況下では不完全な機能しかもたない
2. その行動は自発的であるか、やりがいがあるか、楽しいか、あるいはそれ自体のためになされる
3. その行動は機能的に対応する行動と比べて構造的あるいは発達的に何らかの修正がなされている
4. その行動は見分けのつく形で繰り返されるが、必ずしも不変な形で繰り返されるわけではない
5. その行動は、健康不良や悪い環境条件、社会的な騒乱、あるいは空腹、渇き、敵や捕食者への警戒のような緊張した葛藤状態などにより動物が軽度以上のストレス状況下にあるときには開始されない（Burghardt and Pellis, 2019, p.13, 拙訳）

　遊びがこれら5つすべてを満たす行動であるとすると、行動タイプの選択にかなりの限定がなされるといえる。
　このように定義される遊び行動であるが、さらに、遊びに適応的な機

能が見出される程度に応じて、3つのレベルに分けられるのである。ひとつは有意味な機能が見出されないもの（一次過程の遊び）である。それに対し、二次過程の遊びは、体力や感覚・運動能力などの機能を維持するためのものであり、さらに三次過程の遊びは、さまざまな領域（採食、防御、社会性など）における動物の能力を真に高め、進化的・文化的に重要な新規で革新的な行動をも生み出しうるものである。

　人間においては、この三次過程の遊びの比重が他の動物種と比較して、はるかに大きくなる方向で進化を遂げてきたと考えられる。なぜなら、進化のプロセスにあった狩猟採集時代の人間は、生まれてから一人前になるまでの期間に、生き残り、繁殖するために、きわめて多くのことを学ばなければならなかったからである。

　やや長くなったのでまとめよう。遊びを通じて必要なことを学ぶというのは、遊び行動を行う動物一般に認められることであり、とりわけ人間にとっては、その傾向が強いということができるだろう。進化によって、人間は、学ぶために遊ぶようになったとされる点が、本章の構想の第2根拠である。

［3］主体的な学びの態度と児童期の遊び体験

　［2］で記述したことにもとづけば、人間は生物学的基礎からして本来的に、遊びを通じて主体的に学ぶ傾向をもっていると考えることができるだろう。もしそうだとするならば、発達の初期にある子どもたちは、適切な環境条件さえそろえば、主体的な学びの態度を発達させ、誰もが旺盛な学びを展開していくことになるはずである。実際、［1］で述べたように、遊びと学びを適切に結びつけることが、学びを促進する効果をもつことが知られている。しかし、制度的な教育の中ではそのような関係が成立しにくいのが現実である。

　学校教育の開始によって系統的な教育が始まり、それに対応した学び

が要請されるようになる。たしかに、子どもたちは系統的な教育によって多くの知識や技能を獲得する。とはいえ、学年が上がるにつれて、学校のカリキュラムに適合した形で学ぶことが困難になる子どもたちの数が増えていく。あるいは、不登校という形で学校教育という学びの場から離脱する子どもたちも増えてくる。

　小学校において生じている学びの問題を捉えるには多様な視点が存在しうるが、主体的な学びの態度という視点は、問題の重要な側面を照射するように思われる。すなわち、子どもたちは、主体的な学びの態度の形成を抑制したり、それを放棄したりすることで、学校での学びに適応している可能性の側面である。このような言い方は、学校のもつ否定的な面を強調しすぎているかもしれない。しかし、これを逆に肯定的な面から考えるならば、児童期において主体的で旺盛な遊び体験ができるのであれば、それは主体的な学びの態度の形成に寄与するはずである。

　ここから、本研究で検討すべき作業仮説を導くことができる。すなわち、児童期における遊び体験は、主体的な学びの態度の形成に寄与するであろう、とする作業仮説である。ただし、本研究の調査で行ったことは、あくまで 20 代〜 30 代の人々を対象とした横断研究である。小学生時代の遊び体験も対象者の想起にもとづいているので、変数間の因果関係を検証することは困難である。それゆえ、ここで報告する調査結果もあくまで相関関係の分析にとどまるものであるが、少なくとも、そもそも遊び体験が主体的な学びの態度と関連するのか、また関連するとしても遊び体験のどのような側面が主体的な学びと関連するかは明らかにできるのである。

　今回の調査においては、対象となった人々に小学生時代の遊び体験を想起することを求め、質問紙への記入を求めた。こうした調査に適切な質問項目として、木下・森・大西（2017）が開発した遊び体験尺度を応用的に用いることとした。この木下・森・大西（2017）の尺度は、小学校高学年生を対象とした遊びについての自由記述にもとづき作成された項目を小学校 4 〜 6 年生を対象として実施し、因子分析を行うなどのプロセス

を経て作成されたものであり、以前に作成されたプレイフルネス尺度（木下・大西・森、2017）との関連を検討する形で併存的妥当性の検討がなされている。このように、遊び体験尺度は小学生を調査対象として開発されたものであるが、本研究では、20代〜30代の調査対象者に小学生時代を想起することで回答を求めたのである。

　なお、青年期後期から成人期初期にあたる年代の人々を調査の対象者とした理由は、小学校から大学までの系統的な教育がほぼ終了している時期であり、かつ小学生時代の体験からの期間が長くなりすぎない年代として選定したものである。

[4] 本章の目的

　本章の目的は、以下の作業仮説を20代〜30代の人々を対象とした質問紙調査によって検討することである。

　作業仮説：児童期における遊び体験は、主体的な学びの態度の形成に寄与するであろう。

　なお、遊び体験の中でもどのようなカテゴリーが主体的な学びの態度と関連するのかについて検討することも、本研究の目的に含まれる。

2
方法

調査対象者と手続き

　株式会社クロス・マーケティングのネットリサーチ・データベースに登録されたモニターから全国の20代〜30代までの成人を対象として調査を実施し、1,864名から回答を得た。そのうち各尺度項目すべてに同じ選択肢を連続して選んでいるため分析の対象とならないデータを除外した結

果、1,094名（有効回答率：58.7%）が分析対象となった[3]。

　なお、調査はすべて匿名で実施され個人の回答が特定されないことと調査への参加が自発的なものであることから、研究倫理上の問題はないと判断した。

調査時期

2023年1月18日〜20日であった。

使用した尺度と質問項目

・主体的な学びの態度尺度

　本書第2章で作成した8項目からなる尺度である（表4-1参照）。「自発的学び」（代表的項目「自分が本当に興味のあることなら、どれほど難しくても挑戦する価値があると思う」）と「対人的学び」（代表的項目「学びたいことでわからないことが出てきたら、知っていそうな人に積極的に質問する」）

表4-1　主体的な学びの態度の因子分析＊の負荷量と各項目の平均値・標準偏差 (*n*=1,094)

No.	項目内容	因子1	因子2	*M*	*SD*
8	自分が本当に興味のあることなら、どれほど難しくても挑戦する価値があると思う	.74	.00	3.91	0.88
7	何かを自発的に学ぶことは楽しいことだ	.73	.09	3.91	0.91
1	好きなことを自由に学ぶことはすべての人にとって、重要な権利だと思う	.69	-.20	4.38	0.79
3	興味が湧いてきて調べているうちに夢中になって、時間が経つのを忘れてしまうことがある	.53	.00	3.83	0.96
6	人が何をどのように学ぶかは、本人が責任をもって選ばなければならない	.45	.14	3.63	0.89
2	自分が努力して学んだことを社会の役に立てたいと思う	.44	.19	3.66	1.03
5	自分が学んでいることを人にわかりやすく説明できる	-.12	.83	2.86	1.06
4	学びたいことでわからないことが出てきたら、知っていそうな人に積極的に質問する	.20	.43	3.23	1.03

＊最尤法、プロマックス回転

の2つの下位尺度からなる。「あてはまる」（5点）、「どちらかといえばあ
てはまる」（4点）、「どちらともいえない」（3点）、「どちらかといえばあ
てはまらない」（2点）、「あてはまらない」（1点）の5段階評定で回答を
求めた。すなわち、得点が高いほど主体的な学びの態度の傾向が強くな
るように採点された。

・遊び体験尺度

　問題の［3］で述べたように、木下・森・大西（2017）が児童用に開発
した遊び体験尺度の項目に対して、成人を対象として、小学生時代の体
験を想起するよう指示して回答することを求めた[4]。元々この尺度は17
項目をひとまとまりとして用いるように構成されたが、内容的にみると、
行動にかかわる項目と感情にかかわる項目が分かれており、回答の選択
肢も異なっている。それゆえ、本研究では行動と感情の2つの独立した
尺度として扱うこととした。

　行動に関連する項目については、表4-2に示した通りである。「よくした」

表4-2　遊び体験（行動）の因子分析*の負荷量と各項目の平均値・標準偏差 (n=1,094)

No.	項目内容	因子1	因子2	因子3	M	SD
4	ゲームで対戦して遊ぶ	.83	-.04	.01	2.78	0.95
11	ゲームで遊ぶ（通信なし）	.74	-.15	.03	2.97	0.90
8	ゲームで協力して遊ぶ	.67	.12	.01	2.64	0.93
2	自分たちで作った遊びで遊ぶ	.01	.79	-.07	2.57	0.90
5	ルールを自由に変えて遊ぶ	.17	.64	-.08	2.45	0.83
1	歌を歌う	-.19	.49	.12	2.61	0.98
3	絵を描く	-.10	.39	.12	2.47	1.01
10	友達に相談する	-.03	.35	.16	2.37	0.88
7	遊具（ブランコ・滑り台・鉄棒・一輪車など）で遊ぶ	-.02	-.03	.92	3.03	0.84
6	鬼ごっこ（かくれんぼ・缶けり・ダルマさんが転んだなど）をする	.05	.08	.68	3.07	0.83
9	手遊び（あっち向いてホイ・指相撲など）をする	.10	.27	.40	2.72	0.86

＊最尤法、プロマックス回転

表 4-3 遊び行動（感情）の因子分析*の負荷量と各項目の平均値・標準偏差 (n=1,094)

No.	項目内容	因子1	因子2	M	SD
5	遊んでいるとホッとする	.80	-.14	2.48	0.75
3	遊んでいると落ち着く	.75	-.10	2.47	0.78
6	遊んでいるとスッキリする	.56	.17	2.94	0.75
1	遊んでいるとスカッとする	.47	.23	2.96	0.79
2	遊んでいるとドキドキする	.05	.70	2.68	0.80
4	遊んでいるとハラハラする	-.10	.53	2.45	0.79

＊最尤法、プロマックス回転

（4点）、「ある程度した」（3点）、「あまりしなかった」（2点）、「まったくしなかった」（1点）の4段階評定で回答を求めた。

感情に関連する項目については、表4-3に示した通りである。「よくあった」（4点）、「ある程度あった」（3点）、「あまりなかった」（2点）、「まったくなかった」（1点）の同じく4段階評定で回答を求めた。

3

結果

結果の統計解析にあたっては、統計解析ソフト IBM SPSS Statistics 27 を用いた。

① 各尺度の因子分析

本研究で用いた各尺度の因子構造を明らかにし、下位尺度を構成するために、主体的な学びの態度尺度、遊び体験尺度（行動）、遊び体験尺度（感情）のそれぞれについて、因子分析（最尤法、プロマックス回転）を行った。

表4-1、表4-2、および表4-3には、各尺度の因子分析結果である各因

子の項目ごとの負荷量を示すとともに、各項目の平均値と標準偏差を示した。

　主体的な学びの態度尺度では、これまでの調査（第2章と第3章）と同様、2因子が抽出され、因子1には6項目、因子2には2項目が0.4以上の高い負荷を示した（表4-1）。これまでの調査と同様、因子1を「自発的学び」、因子2を「対人的学び」と命名した。

　遊び体験（行動）尺度では、3因子が抽出された（表4-2）。因子1に負荷が高かった3項目は、すべてゲームに関連する項目であったので、因子1を「ゲーム遊び」と命名した。

　因子2に負荷が高かった5項目は、一見すると全体に共通性はないようである。ただし、もっとも負荷が高い項目である「自分たちで作った遊びで遊ぶ」と次に負荷が高い項目である「ルールを自由に変えて遊ぶ」は、いずれも遊びにおける自由裁量にかかわっていると考えられる。他の項目である「歌を歌う」や「絵を描く」は、典型的な子どもの遊びとはいえないが楽しむために行われる活動といえるだろう。さらに「友達に相談する」の項目は、遊びのカテゴリーに含んでいいか微妙であり、また楽しみで行われる活動とも言いがたい。友達を信頼して自分の課題の解決をともに図ろうとすることをめざすものと特徴づけられる項目である。学童期に成立してくる仲間関係を代表する項目といえるかもしれない。こうしたことをふまえて、これら5項目の付加が高い因子を「遊びの自由と仲間」と命名することとした。

　因子3に高い負荷をもった3項目には、遊具遊び、鬼ごっこ、手遊び、という従来の遊びのカテゴリーとそれぞれのカテゴリーに含まれる個々の遊びの名称が記されており、子どもの遊びとしてイメージされやすいものである。それゆえ、因子3を「従来遊び」と命名した。

　遊び体験（感情）尺度では、2因子が抽出された（表4-3）。因子1に負荷が高かった4項目は、いずれも、遊びによってリラックスしたり緊張がほぐれたりすることを表現しているといえるだろう。それゆえ因子1を

表 4-4　各変数の平均値と標準偏差

	全体 (n=1,094)		女性 (n=546)		男性 (n=537)	
	M	SD	M	SD	M	SD
年齢	30.11	5.46	29.99	5.41	30.27	5.54
自発的学び	3.89	0.63	3.94	0.60	3.84	0.64
対人的学び	3.04	0.87	3.02	0.82	3.08	0.91
ゲーム遊び	2.80	0.78	2.64	0.78	2.96	0.74
遊びの自由と仲間	2.49	0.61	2.66	0.58	2.33	0.60
従来遊び	2.94	0.71	3.09	0.69	2.80	0.68
遊びによる鎮静	2.71	0.58	2.67	0.59	2.76	0.58
遊びによる興奮	2.56	0.66	2.50	0.65	2.62	0.67

「遊びの鎮静」と命名した。それに対して因子2に負荷が高かった2つの項目は、いずれも、遊びによって興奮が高まることを表現している。ゆえに因子2を「遊びの興奮」と命名した。

　各尺度の因子分析結果にもとづき、各因子に負荷が高かった項目が各因子を代表するものと想定して、因子名にもとづく下位尺度を構成した。尺度得点は、各因子に負荷が高かった項目の平均点である。年齢と各下位尺度得点の平均値と標準偏差を、全体ならびに男女別に算出したものを表4-4 [5] に示した。

　ここで、各変数の男女別平均値の差の検定を行ったところ、ゲーム遊び、遊びの自由と仲間、および従来遊びの3変数で有意な差がみられた（順に、$t = 6.82, 9.09, 6.98.$ いずれも $df = 1081, p < .001$）。この結果は、性別のちがいによって変数間の関連にも若干のちがいが生じることを予想させる。それゆえ、これ以降の関連分析は、男女に分けて実施することとした。

② 年齢と各変数の関連

　主体的な学びの態度と遊び体験との関連を検討するうえで、年齢の要因を考慮すべきかどうかを検討するために、年齢と各変数（下位尺度）と

の相関係数を男女別に求めた結果を表4-5に示した。いずれの相関係数も有意水準に達しておらず、もっとも絶対値が高い値で0.07であった。それゆえ、年齢と各変数の関係はいずれもほぼ無相関と言ってよいだろう。

　このことから、主体的な学びの態度と遊び体験との関連を検討するに際して、年齢を分析対象の変数には加えないこととした。

表4-5 年齢と他の変数との相関係数

	女性 (n=546)	男性 (n=537)
	年齢	年齢
自発的学び	.03	-.02
対人的学び	.07	-.04
ゲーム遊び	-.04	.01
遊びの自由と仲間	.07	-.03
従来遊び	-.03	.05
遊びの鎮静	.01	-.05
遊びの興奮	-.01	.03

③ 主体的な学びの態度と遊び体験との関連

　主体的な学びの態度と遊び体験との関連を検討するため、主体的な学びの態度を構成する自発的学びと対人的学びをそれぞれ従属変数とし、遊びの体験の各変数（ゲーム遊び、遊びの自由と仲間、従来遊び、遊びによる鎮静、遊びによる興奮）を独立変数として、重回帰分析を行った。自発的学びについての結果を表4-6に、対人的学びの結果を表4-7に、それぞ

表4-6 自発的学びを従属変数とする
　　　重回帰分析の標準偏回帰係数

	女性 (n=546)	男性 (n=537)
ゲーム遊び	-.07	.02
遊びの自由と仲間	.19***	.11*
従来遊び	.13**	.17**
遊びの鎮静	.07	.17***
遊びの興奮	.05	.03
Adjusted R^2	.08	.14

***p<.001　**p<.01　*p<.05

表4-7 対人的学びを従属変数とする
　　　重回帰分析の標準偏回帰係数

	女性 (n=546)	男性 (n=537)
ゲーム遊び	-.07	-.13**
遊びの自由と仲間	.26***	.37***
従来遊び	-.02	-.01
遊びの鎮静	.08	.08
遊びの興奮	.08	.09*
Adjusted R^2	.08	.15

***p<.001　**p<.01　*p<.05

れ示した。

　まず、表4-6で自発的学びの結果についてみると、女性でもっとも関連が強いのは遊びの自由と仲間であり、従来遊びも有意に関連している。しかし、遊びの鎮静は有意ではない。それに対して、男性は、遊びの自由と仲間、従来遊び、遊びの鎮静の3つの変数が、有意に自発的学びと関連していた。なお、もっとも関連が強かったのは、遊びによる鎮静であった。

　次に表4-7で対人的学びの結果についてみると、女性では、遊びの自由と仲間の変数のみ有意な関連を示している。男性でも、遊びの自由と仲間は有意でありもっとも関連が強く、β値も他と比較してかなり大きいが、遊びによる興奮も有意な正の相関を示している。また、ゲーム遊びが負の関連を示している点に注目される。

　なお、調整済みの決定係数（Adjusted R^2）の値は自発的学びでも対人的学びでも、男女とも、いずれもあまり大きくはなかった。このことは、遊び体験と主体的な学びとの関連がある程度あるにしても、それほど強いものではないことを意味している。なお、自発的学びと対人的学びの両方で、男性の方が女性より、調整済み決定係数の値が大きかった。このことは、男性の方が女性より、遊び体験と主体的な学びの態度との関連が強いことを示している。

4

考察

[1] 主体的な学びの態度と遊び体験との関連

　主体的な学びの2つの下位尺度である自発的学び、および対人的学びを従属変数とし、遊び体験の下位尺度を独立変数とした重回帰分析では、調整済み決定係数の値こそあまり大きくないものの、遊び体験尺度のい

くつかの下位尺度が自発的学びや対人的学びとの間に有意な関連を示すことがわかった。このことは、小学生時代の遊び体験を構成する要素のいくつかが、青年期後期〜成人期初期における主体的な学びの態度の形成に寄与する可能性を示唆するものである。よって、今回の調査結果は、「学童期における遊び体験は、主体的な学びの態度の形成に寄与するであろう」という作業仮説に合致するものといえるだろう。

　また、変数間の関連の結果から、いくつかの推察がなされうる。第1は、遊び体験の下位尺度の中で、主体的な学びの態度にもっとも寄与していると考えられるのが、遊びの自由と仲間であるという結果からの推察である。遊びの自由と仲間という、焦点が定めにくい命名となった下位尺度が、どうやら重要な役割を果たしているらしいのである。そもそもこの下位尺度は、「自分たちで作った遊びで遊ぶ」および「ルールを自由に変えて遊ぶ」という遊びの自由にかかわる項目と、「友達に相談する」という仲間にかかわる項目、それに加えて「歌を歌う」と「絵を描く」という芸術的な活動にかかわる項目によって構成されている。歌を歌うことや絵を描くことは、それを楽しみとして行えるためには自由が必要であるという観点から考えれば、やや強引ではあるが、これら2つの項目も遊びの自由と関連があるとみなすことは可能であろう。しかし、友達に相談するという行為は、その行為を選ぶという点で自由意志とは関連しているとしても、遊びの自由と関連しているとはいいがたい。この項目が異質であるがゆえに、この下位尺度の名前を単に遊びの自由とするのではなく、それに仲間の語を加えて、遊びの自由と仲間としたのである。

　仲間との関係の要素が含まれるがゆえに、この下位尺度は、男女ともに、対人的学びともっとも関連が強い変数となったのであろう。とはいえ、遊びの自由と仲間は、男女ともに、自発的学びとも有意な関連を示しており、特に女性においては、遊び体験の中でもっとも自発的学びと関連が強い変数となっているのである。まとめるならば、遊びにおける自由と仲間への信頼をともに含む遊び体験が、主体的な学びの形成にとって重要だと

いうことが推察されるのである。

第2の点は、遊び体験の下位尺度のうち従来遊びに関する結果から推察される点である。従来遊びは、男女ともに自発的学びとは有意な関連があったのに、対人的学びとの関連は有意ではなかった。遊具による遊びや鬼ごっこ、あるいは手遊びといった子どもの遊びとしての典型性が高い遊びでは、何らかの仲間関係を要素として含んでいることが多い。特に、鬼ごっこはルールをともなう集団的な遊びである。にもかかわらず対人的学びと有意な関連がみられなかったのは意外である。従来遊びにおいて求められる仲間関係と、対人的学びにおいて求められる人との関係性とは質が異なるのかもしれない。

第3は、遊び体験によって生じる感情の主体的な学びとの関連にもとづく推察である。男性でのみ、遊びの鎮静が自発的学びと、また遊びの興奮が対人的学びと、それぞれ有意な関連を示した。ただし、遊びの興奮が有意な関連を示したといっても、かろうじて有意になったといったレベルであり、比較的明瞭な関連がみられたのは、前者の関係、すなわち男性における遊びの鎮静と自発的学びの間だけである。

自発的に何かをなそうとするときには、少し冷静になって、事前に見通しをもつことが求められるだろう。遊びにおいてそうした状態がもたらされることが、自発的学びと関連しているのかもしれない。ただし、こうした関係性が女性にみられなかった理由はわからない。

第4は、男性においてはゲーム遊びが対人的学びと有意な負の関連を示したことからの示唆である。ゲーム遊びといっても、集団で遊ぶタイプのものもあるし、そうしたゲームではチームワークや役割分担が求められる。しかしながら、おそらく頻度としては、1人で楽しむタイプのゲームによる遊びの頻度が高いのであろうし、特に男性においては、そうした経験が、仲間関係の形成に負の影響を与えていたのかもしれない。

第5は、調整済み決定係数の値の男女によるちがいからの推察である。自発的学びにせよ対人的学びにせよ、調整済み決定係数の値は女性より

男性の方が大きい。このことは、男性の方が、主体的な学びの態度を形成する上で、遊び体験の寄与がより大きいのだと推察される。ただし、今回の遊び体験にかかわる質問紙がカバーできる遊び体験の範囲は限られており、あくまで解釈可能性のひとつに過ぎない。今回の質問紙では取り上げられなかった遊び体験が女性の主体的な学びにおおいに寄与している可能性があるかもしれない。

2 遊び体験が主体的な学びの態度に寄与する経路

　本研究の調査結果より、児童期の遊び体験のある側面が青年期後期〜成人期初期の主体的な学びの態度の形成に寄与している可能性が推察された。では、遊び体験はどのような経路により主体的な学びの態度の形成にかかわるのであろうか。

　事態をごく単純化するならば、遊びは本来的に主体的なものであるから、よりよく遊べば遊ぶほど、主体的に活動する態度が形成され、それが学びにも反映するという経路を想定することができるかもしれない。

　しかしながら、こうした想定が成り立つためには、少なくとも一つの前提条件が満たされないといけない。それは遊びが本来的に主体的なものであるとする点である。主体的であるとは、行為や認識の主体であり、自らが何かに作用を及ぼす存在であるということを意味している。子どもが遊ぶ際、いつでも主体的であるかというと、必ずしもそうとはいえない。大人や他の子どもが遊ぶのに引きずられるようにして遊び始めることもあるであろうし、模倣から遊び始めることもあるだろう。実際、幼児教育においては、従来、遊びにおいても主体性を育むことが重視されてきたのである。しかし、大人が子どもの興味・関心に適切に応じるようにして主体的な遊びを育てることは、実のところ、かなりの難題なのである（秋田, 2017）。とはいえ、そうした難題に、幼児教育・保育にかかわる人たちは、長く挑戦し続けてきたのである。

いささか話がそれたが、遊びが主体的な経験であったならば、それは主体的な学びにつながると考えられるだろう。つまり、そのように考えるならば、遊びの自由と仲間の下位尺度が主体的な学びの２つの尺度と関連が深かったのは、遊びの自由と仲間の下位尺度が主体的な遊び体験を反映しているからだといえるだろう。

　ところで、子どもが遊びで獲得する主体性とはどのようなものなのであろうか。加用（2017）は、子どもが遊びにおいて発揮する主体性を、自主性という面だけでなく活力性という面からも捉えるべきと主張している。自主性と活力性は最初からセットになって同時に存在しているわけではなく、ある時には一方が優位に立ち、別の時には他方が優位に立つというプロセスを経ながら両者が育っていくと考えられている。そして、そうしたプロセスの中で両者をつなぐものとして、加用（2017）は、他者との対等性という要素と、遊びにかかわる素材のもつ誘導性という要素が、それぞれ重要な働きをしていると考えている[6]。加用（2017）の指摘をふまえるならば、他者との対等性や素材誘導性によって自主性と活力性が結びついた主体的な遊びを経験することで、それが主体的な学びにつながるという経路を想定することができるかもしれない。

③ 本研究の限界と今後の課題

　最後に、本研究の限界と今後の課題についてふれておきたい。

　最初に述べておくべき限界は、本研究が成人以降の主体的な学びの態度と児童期の遊び体験との関連を扱うべき問題として設定しているにもかかわらず、調査で得た遊び体験のデータは対象者の想起にもとづいている点である。この点に関しては、やはり縦断的な研究が求められるし、それが今後の課題といってよい。

　もうひとつの限界は、本研究で扱った主体的な学びの態度、ならびに遊び体験という重要な変数のデータを、すべて質問紙を通じて収集して

いる点である。心理学的な研究では、対象者自身の主観を通じて得られたデータを駆使して多くの成果をあげてきたことも事実である。しかしながら、それとは異なるアプローチによって遊び体験を評価することも求められる点だろう。遊びは多面的なものであるので、本人の主観とは異なる面からアプローチすることも今後の課題としてあげておくべきである。

　最後に、理論的な課題として、遊びと学びの関係についての整理を行うこともあげておきたい。本章の最初でも簡単にふれたが、遊びを進化の視点から検討することは、学びとのつながりを探求する上で重要な切り込み口であるように思われるのである。

［注］

1) Gray（2009, 2011, 2013/2018, 2019）は、狩猟採集社会における子どもたちが、遊びを通じてきわめて多くの必要な知識や技能を獲得するとともに、平等主義的な態度を身につけることを強調している。そのことをふまえて彼は、狩猟採集社会における学び方を今日的な教育のモデルとして位置づけている。それに対して、Boyette（2019）は、狩猟採集社会における遊びを通じた学びには優れた面があることを認めつつも、今日のような脱工業化社会における教育に狩猟採集社会の学びのモデルを当てはめることには無理があることを指摘している。たしかに、遊びは新たな知識や技能、あるいは新たな態度にオープンな状態と高い動機づけを作り出すことは確かであるが、遊びそれ自体が平等主義的な態度を作り出すわけではないのである。狩猟採集社会の子どもたちが平等主義的な態度を獲得するのは、子どもたちが生活するその社会が平等主義的であるからであり、平等な関係を維持しようとする周りの大人のふるまいから学んでいるのである。

　ここでは、狩猟採集社会における遊びの特徴について、準備がないためにこれ以上深入りはできないが、遊びと学びをつなぐうえで、狩猟採集社会をどう捉えるかは、大事な論点のひとつであるように思われる。

2) このこととかかわって、河崎（1981）は、動物の遊びの進化についての当時の知見をふまえ、人間の子どもの本性を以下のように特徴づけている。人間は他の動物と

比較して親などの大人や年長者に養育され保護される期間が長く、その間、生活の必要性に迫られることが比較的少ない（解放のモメント）。他方で、人間の社会で一人前として生活していくために身につけるべき知識やスキルは膨大である（強制のモメント）。この解放と強制の矛盾を解決するのが、人間の子どもの遊びだと主張しているのである。今から40年以上前に書かれた論文であるが、その明解な論旨が本章をまとめるに際し、最初のアイデアの源泉となったものであるので、ここに記す次第である。

3) 有効回答率がやや低いが、質問紙調査において同一選択肢を連続して選んでしまうストレートライン回答は、まじめに質問に対応していない可能性が高い（増田・坂上・北岡・佐々木, 2016）ことから、今回の調査においても除外して分析することとした。

4) 表4-2の「友達に相談する」の項目は、木下・森・大西（2017）では、「友だちに相談する（相談にのる）」となっていた項目である。転記の際のミスにより（　）内に記された文言が脱落したものと考えられる。調査終了後にこのミスがわかった。「相談にのる」の文言が欠けていることは、この項目の意味を変えるものの、すでに調査を終えていることから、ミスの事実を明らかにしたうえで、このままの形で公表することとした。

5) 男女の人数を合計しても全体の人数に達しないのは、調査の際の性別の選択肢に「その他」ならびに「回答したくない」の項目が入っていて、それらの項目を選択した人が存在するためである。

6) 関連する議論については、加用（2015）参照。

──────────────── ［引用文献］ ────────────────

● 秋田喜代美（2017）「主体的な遊びを育てることの価値とアポリア」『発達』150, 18-22

● Broadhead, P., & Burt, A.（2012）*Understanding young children's learning through play: Building playful pedagogies.* Routledge

● Boyette, A. H.（2019）Play in foraging societies. Smith, P. K.（Ed.）*The Cambridge handbook of play: developmental and disciplinary perspectives.* Cambridge University Press.302-321

● Burghardt, G. M., & Pellis, S. M.（2019）New directions in studying the evolution of play. Smith, P. K. (Ed.) *The Cambridge handbook of play: developmental and disciplinary perspectives.* Cambridge University Press.11-29

- Gray, P. (2009) Play as a foundation for hunter-gatherer social existence. *American Journal of Play*, 1 (4), 476-522

- Gray, P. (2011) The evolutionary biology of education: How our hunter-gatherer educative instincts could form the basis for education today. *Evolution: Education and Outreach*, 4, 28-40

- Gray, P. (2013) *Free to LEARN: Why unleashing the instinct to PLAY will make our children happier, more self-reliant, and better students for life.* Basic Books. (吉田新一郎 (訳) (2018)『遊びが学びに欠かせないわけ－自立した学び手を育てる』築地書館)

- Gray, P. (2019) Evolutionary functions of play. Smith, P. K. (Ed.) *The Cambridge handbook of play: developmental and disciplinary perspectives.* Cambridge: Cambridge University Press,84-102

- Groos, K. (1896) *Die Spiele der Tiere.* Jena: G. Fischer. Baldwin, J. M. (Tr.) (1898) *The play of animals.* Appleton

- Groos, K. (1899) *Die Spiele der Menschen.* Jena: G. Fischer. Baldwin, J. M. (Tr.) (1901) *The play of man.* Appleton

- 加用文男 (2015)『「遊びの保育」の必須アイテム 保育のなかの遊び論 Part2』ひとなる書房

- 加用文男 (2017)「『主体的に遊ぶ』の意味」『発達』150, 29-35

- 河崎道夫 (1981)「子どもの遊びの本性を理解するために―動物の遊びの進化から学ぶ―」『心理科学』5 (1), 9-20

- 木下雅博・大西彩子・森茂起 (2017)「遊びが子どもの社会行動に与える影響―プレイフルネスと衝動性コントロールに着目して―」『応用心理学研究』42 (3), 209-219

- 木下雅博・森茂起・大西彩子(2017)「遊び体験尺度の開発」『応用心理学研究』43(1), 1-10

- 増田真也・坂上貴之・北岡和代・佐々木恵 (2016)「回答指示の非遵守と反応バイアスの関連」『心理学研究』87 (4), 354-363

- Weisberg, D. S., Hirsh-Pasek, K., & Golinkoff, R. M. (2013) Guided play: Where curricular goals meet a playful pedagogy. *Mind Brain and Education,* 7 (2), 104-112

Column 5

遊びと自発性：遊びの本質は中動態的か

　近年、筆者は、日本で広がりを見せてきた「森のようちえん」に関心をもつようになって、いくつかの文献（今村, 2011; 国土緑化推進機構, 2018; おおた, 2021）から学ぶとともに、学生とともに勤務先大学から比較的近くに所在する森のようちえんを訪問し、その活動にわずかながら参加するなどしてきた。そもそも筆者が森のようちえんに関心をもつようになったのは、そこでの子どもの遊びが主体的なものとして生起するであろうこと、そして主体的な遊び体験の積み重ねが、その子どもにとって主体的な学びとも結びついていくだろうとの直観的な捉え方が背景にあったからである。実際、森のようちえんの活動に参加してみて実感したのは、子どもたちがイキイキしており、ノビノビと過ごしていることである。子どもたちは、自然物などに誘発されて、すぐに遊び始める。草むらでバッタを、あるいは川で魚やカニなどの小動物を捕まえようとしたり、ツリーデッキにかかるロープでデッキまで登ろうとしたりといったことが、ごく普通に生じる。各々好き勝手なことをしているようでいて、何人かで集まると鬼ごっこを始めたりもする。異年齢の子どもが混じっているので、少し難しいことは年長の子が年少の子に教えてやったりもする。自由な雰囲気の中で、子どもたちは自発的に遊んでいるように見える。

　たしかに、素朴には、子どもは自発的に遊んでいるように見える。しかしながら、遊びが自発的な活動であるという捉え方に疑問を投げかける考え方を提示する書籍『子どもの遊びを考える　「いいこと思いついた！」から見えてくること』が、ごく最近、出版された（佐伯, 2023）。このコラムは、その書籍によって受けた衝撃に端を発し、それをどのように消化吸収して本書に活かすべきかを考えるために執筆したものだ。この本の第Ⅰ部の主要部分は、矢野勇樹の論稿（矢野, 2023a; b; c; d）で占められており、遊びを自発的な活動と捉える考え

方への体系的な批判となっている。それゆえ、以下で主として扱うことになるのは、矢野の主張することである。なお、補足的な説明になるが、『子どもの遊びを考える「いいこと思いついた!」から見えてくること』所収の矢野の論稿は４つの章に分かれているので、引用に際しても、出版年にa、b、c、dのアルファベットを付してそれぞれ別の文献として扱うこととしたことをお断りしておきたい。

遊びの自発性に疑問を投げかけることはなぜ衝撃なのか

　衝撃を受けた理由の第一は、その言説が常識への挑戦だからである。遊びは自発的なものであるからこそ意義があるというのが、遊びを意義あるものとして捉える場合のよって立つ基本的な考え方である。遊びの意義を強調する立場においては、自発的の語に代えて自主的、あるいは主体的の語を用いる場合があるだろう。自発的、自主的、主体的の各語の意味は同一ではないが、少なくともその意味の一定部分は共通している。ちなみに本書では主体的の語を用いているし、加用（2017）のように遊びの主体性の一側面として自主性の語を用いる場合もある。

　ともあれ、遊びが自発的であることに疑問を投げかけることは、遊びの意義を認める立場に挑戦していることになる点で衝撃的であるわけだ。とはいえ、矢野（2023a）が遊びの自発性に疑問を呈しているからといって、遊びの意義を否定しようとしているわけではないことは強調しなくてはならない。むしろ、遊びのもつ意義を称揚しようとしているといってよいのである。

　衝撃の２つ目の理由は、矢野（2023a; b; c; d）の主張が本書第４章で筆者が主張していることに対して難題を与えているからである。本書第４章での筆者の主張は、主体的な遊びを体験することが主体的な学びにつながるというものである。素朴で単純な主張であるものの、両者が主体性という共通項で結ばれているがゆえに、一定の説得力をもつともいえる。しかしながら、遊びの主体性の重要な要素と考えられる自発性に疑問符がつくのであれば、「主体的な遊び→主体的な学び」という単純な図式化は、再考を余儀なくされるのである。

本書にとっては、特に2つ目の理由が重要であることはいうまでもない。矢野（2023a; b; c; d）が遊びの自発性に疑問を投げかけることは、果たして、主体的な遊びから主体的な学びに向かう経路を塞ぐものとなるのであろうか。

遊びの自発性への疑問は何を意味するのか

矢野（2023a; b; c; d）は、遊びの自発性に疑問を呈することで何を主張しているのだろうか。ここで少し丁寧に、その疑問が意味することを見ておきたい。

まず矢野（2023a）は、「『自発的な活動』と見なされている遊び」と題した第1章で、遊びの自発性を主張する言説が幼児教育や保育の分野で顕著であることを紹介した上で、子どもが遊ぶ際に「いいことを思いつく」という状況が、子どもの遊びの自発性と矛盾することを指摘する。「いいことを思いついた」のは、その子ども自身だが、その子どもの意志や努力、欲求によって「いいことを思いついた」わけではない。つまり、「いいことを思いつく」のは自発的な活動ではないというのが、矢野（2023a）の主張である。

ここまでであれば、私にとってはそれほど新奇な主張とは感じられなかった。遊びのように何事かに没入している時に生じる心的状態をフローと名づけたのはアメリカの社会学者・心理学者であるCsikszentmihlyi（1990/1996）であるが、忘我の状態ともいえるフローには必ずしも自発的に向かうものではないのである。また、加用（2015）が遊びの本質と捉える「ゆとり＆ノリ」のうちの「ノリ」は、まさに自発的活動というよりは、ある種の状態として捉えるべきものであるだろう。

矢野（2023a）の斬新なところは、自発性では捉えきれない遊びの本質のよってくるところについて、さらに一歩進んだ探求を行っているところである。探求の手がかりとして用いられたのが、「中間的な意味」の研究、ならびに「中動態」研究である。

中間的な意味の研究では、遊ぶことに対する意識的な態度をもった主体が遊びを行っているのではなく、遊びそのものが主体であると捉えている。遊びのもつ独自性を捉えようとする議論として、理解できる部分もあるように思われ

る。しかしながら、矢野自身が指摘するように、中間的な意味として遊びを捉えることと、自発的な活動として遊びを捉えることとのちがいが、こうした研究では十分説明されていないのである（矢野, 2023a）。

そこで矢野（2023a）が依拠するのが、中動態研究である。中動態とは、古い時代にインド＝ヨーロッパ語族の中に存在していた、能動とも受動とも異なる文法の態であり、近年では國分（2017）の著作によって世に知られるようになったものである。國分（2017）や森田（2013）による中動態研究は、文法の態の在り方にとどまらず、思考の枠組みにも拡張することで、「『能動－受動』『主体－客体』などの二項対立図式、また、行為と意図の前後関係、主体の自明性などを、その前提から問い直そうとする試み」（矢野, 2023a, p.12）である。ただし、國分（2017）も森田（2013）も、中動態研究を遊びに適用してはいない。遊びを自発的な活動とは異なる視角で考察することを企図して、矢野（2023a）が積極的に中動態研究を参照しているのである。

では、なぜ中動態研究を参照してまで遊びの自発性に対する考察を進めなければならないのか。矢野（2023b）は、子どもの遊びを「能力育成」と結びつけた議論を批判し、そこに「個人化」の力学が働いていることを指摘する。また、子どもの遊ぶ権利を尊重するという文脈においても、責任主体という考えが前提になっており、それが行為の個人化を要請するのだと主張している。そして、そのような個人化に抗して、遊びを関係論的に捉える必要性を力説するのである（矢野, 2023c）。

矢野（2023a; d）は、子どもが遊びの中で「いいことを思いつく」現象を、遊びの本質的な特徴が表れたものと捉えている。「いいこと思いついた」が生じるのは、主体である子どもが能動的に思いつこうとした結果ではない。これは、主体である子どもを「場」として生じたことであり、それゆえ中動態的現象である。この「いいこと思いついた」は、どこかから突然降ってわくというより、主体である子どもが、他の子どもや大人とかかわる中で、また、周囲の自然物や遊具との関わりの中で、さらにはその子どもにとっての歴史まで含めた関係性の中で生じるものと考えられる。それゆえ、遊びの本質に迫ろうとすると、

関係論的に捉えなくてはならないのだ、あえてごく簡潔な形で要約的に紹介すれば、矢野（2023d）の主張は以上のようにいうことができるだろう。ただし、このような要約的紹介ではわかりづらいかもしれない。興味のある方は、ぜひ原典を読んでいただければと思う。

子どもの遊び体験と主体的な学びとをつなぐ
理路を見出すことはできるか？

　さて、最初の問いに立ち戻ろう。子どもの遊び体験と主体的な学びとをつなぐ理路を見出すことはできるだろうか。

　矢野（2023a; b; c; d）の主張するところに従えば、両者をつなぐことは不可能かもしれない。しかしながら、関係論的に捉えるべき遊びの本質的特徴と、遊び体験によって個々の子どもにもたらされるものとを分けて捉えた上で、両者を結びつけることは可能ではないか、筆者は現時点ではそう考えている。

　ただし矢野の主張によって、両者を安易に結びつけることには危険がともなうことに気づかされたことは確かである。両者を結びつける場合には、「個人化」の力学が作用する。実際、心理学的な実証研究を行おうとすれば、個々の子どもの態度や機能を変数化するのであるから、それは個人化以外の何ものでもないのである。また、両者を安易に結びつけることは、遊びの手段化にもつながる。実証研究を行う際には、そうした問題を常に意識しておかなくてはならないだろう。

　また、両者をつなぐに際して課題と考えられることは、どのような語り方をするかという点である。ある意味で実証研究は、条件が整いさえすればできるものだ。しかし、得られたものをどのように記述するかについては、理論、あるいはメタ理論が必要になる。「理路」という場合、その点が課題である。理論的な整理は、今の時点ではまだ手つかずである。実際に進めるとなると困難が予想されるが、ひとまずこれからの課題としておきたい。

—————————[引用文献]—————————

● Csikszentmihlyi, M.（1990）. *Flow*. Harper and Row.（今村浩明（訳）（1996）『フロー体験−喜びの現象学』世界思想社）

● 今村光章（編著）（2011）『森のようちえん 自然のなかで子育てを』解放出版社

● 加用文男（2015）『「遊びの保育」の必須アイテム−保育のなかの遊び論 Part2』ひとなる書房

● 加用文男（2017）「『主体的に遊ぶ』の意味」『発達』150, 29-35

● 國分功一郎（2017）『中動態の世界 意志と責任の考古学（シリーズ ケアをひらく）』医学書院

● 公益社団法人国土緑化推進機構（編著）（2018）『森と自然を活用した保育・幼児教育ガイドブック』風鳴舎

● 森田亜紀（2013）『芸術の中動態 受容/制作の基層』萌書房

● おおたとしまさ（2021）『ルポ 森のようちえん SDGs時代の子育てスタイル』集英社

● 佐伯胖（編著）（2023）『子どもの遊びを考える 「いいこと思いついた！」から見えてくること』北大路書房

● 矢野勇樹（2023a）「『自発的な活動』と見なされている遊び」佐伯胖（編著）（2023）『子どもの遊びを考える「いいこと思いついた！」から見えてくること』北大路書房, 5-14

● 矢野勇樹（2023b）「『個人化』という力学」佐伯胖（編著）（2023）『子どもの遊びを考える「いいこと思いついた！」から見えてくること』北大路書房, 15-40

● 矢野勇樹（2023c）「『実体論』から『関係論』へ」佐伯胖（編著）（2023）『子どもの遊びを考える「いいこと思いついた！」から見えてくること』北大路書房, 41-74

● 矢野勇樹（2023d）「中動態と関係論の関係」佐伯胖（編著）（2023）『子どもの遊びを考える「いいこと思いついた！」から見えてくること』北大路書房, 75-120

自閉スペクトラム症児にとっての遊びと学びと主体性

　なぜここで、自閉スペクトラム症（以下、ASDと略称）の子どもの遊びと学びを取り上げるのか。それには2つの理由がある。ひとつは、第4章で述べたように、筆者は、主体的な遊びは主体的な学びにつながっていると考えているからである。ただし、Column5でも述べたように、両者をつなげる理路はいまだ明確ではないことには留意が必要であるが。もうひとつの理由は、ASD児にとって、遊ぶこと自体、容易なことではないからである。もう少し踏み込んでいえば、学びにつながる遊びが生じにくいからである。

遊びの療育

　ASD児に対して、遊びを用いた（あるいは、遊びをともなう）療育の実践がある。第4章で、進化の観点からみた遊びの意義についてふれたが、人間の子どもは、他の動物種と比較してもよく遊ぶし、遊びの中で多くのことを学ぶことが知られている。そして、遊びの中で学ぶことに含まれる重要な要素として、他者との関係や社会的なルールの習得がある。このようなことを習得することは、ASD児にとっては困難なことである。遊びの療育の意義のひとつは、この点にあるだろう。しかしながら、遊びの療育では、遊びを単なる手段としているのではない。ASD児が楽しく遊べるようになることを援助すること自体がめざされていると言ってよい（Beyer and Gammeltoft, 2000/2008）。

　筆者は、大学内で実施されているASDのある子どもたちの療育活動に参加してきた（竹内, 2016; 2024）。幼児から高校生までの年齢幅があり、いくつかのグループに分かれて活動が展開されてきた。グループごとに活動内容は異なっているが、共通しているのは、遊びの療育だということである。大学院生が中心となってプログラムを立案し、実施する。活動終了後には必ずミーティング

を行い、その日の活動をふりかえる。ふりかえりのポイントの一つは、個々の子どもが、楽しく過ごすことができていたかである。

遊びの中の主体性

　そのような療育の中で、子どもたちは主体的に遊んでいたといえるだろうか。この問いに明確に答えることは困難である。それでも、2つの点で子どもたちは遊びの中で、主体的にふるまう機会をもつことができていたのではないかと考える。

　第1は、大学院生スタッフが子どもを主人公に据えようとしていたことである。子どもたちが楽しく遊べるような設定が工夫されてきたが、特に重視されてきたのは、子どもたちが主人公となって遊べるようにすることであった。

　第2は、子どもたち自身が遊びのさまざまな場面において主体的であろうとしていたように思われる点である。どのように楽しむかは、子どもに任されていたのであり、時に子どもたちはしばしば設定を壊してしまうような動きさえ見せた。そうした破壊的ともいえる子どもの動きは、逆説的かもしれないが、子どもの主体性を示唆している。設定を壊してしまうということには、さまざまな理由がありうる。設定そのものが気に入らない（感覚過敏の問題、枠組みの好き嫌い、進め方のテンポや順番の問題など）こともあれば、あえてスタッフとはちがうことを言ったり行ったりすることでスタッフを試していた場合もあるだろう。ともあれ、そうしたことを含め、子どもたちは主体的であろうとしたといえるのではないか。

ASD 児・者における自己理解の困難

　ところで、ASD児は定型発達児に比して自己理解に困難があるとの指摘がある（e.g.田中・都筑・別府・小島, 2007）。ASD児の主体性の議論をする上で重要な論点なので、簡単にではあるがここでふれておきたい。

　ASD児にも当然ながら自己に対する理解は存在する。たとえば、自己の身体を自分のものだと捉える基本的な身体的自己の意識はもっているのである。と

はいえ、自己理解にもさまざまなレベルがあり、その理解のレベルが定型発達児とは異なっている。Williams（2010）によれば、ASD児・者は心理的自己（psychological self）の自覚に欠けるところがあり、自己の心的状態を捉えることに困難がある。

　さらに付け加えれば、基本的な身体的自己の意識をもつとしても、ASD者の身体に対する感受性には、独特の特徴を示す場合があるとの指摘もある。たとえばASD当事者である綾屋紗月は、身体の各所から届く大量の感覚が一つの情報にまとまっていかない体験を紹介している（綾屋・熊谷, 2008）。こうしたことを考え合わせると、ASD児・者の自己理解の弱さには、身体に起源をもつ要素が関与しているのかもしれない。

主体的な学びへ

　さて、ではASD児が主体的に学ぶには、何が大事な要素となるだろうか。ASD児の学びを促す上で、通常は困った特性だと考えられる「こだわり」を活かすことが重要だという指摘がなされている。「こだわり」は自閉症の三つ組みの障害という捉え方でいえば、「想像力の障害」に相当する。しかし、こだわる対象が価値あるものであれば、それは周囲から肯定的な評価を受けることにもなる。たとえば、ASD当事者であり、研究者でもあるテンプル・グランディンは、ある対象に強い興味・関心をもち、それを追求し続けるという特性を活かすことが、ASD児・者の才能を引き出し、能力を伸ばすことにつながることを指摘している（Grandin, 2008 / 2010; Grandin and Barron, 2005 / 2009）。また長年、発達障害児の支援に携わってきた小栗（2010）も、「こだわり」が適切に活かされれば、それが強みにもなることを指摘している。

　ただし、「こだわり」は通常は困った行動につながるものと捉えられることの方が多い。実際、社会的に許容されないようなものへのこだわりは、周囲との摩擦を引き起こすし、それが極端な方向にまで進めば非行や犯罪にもつながりかねない。

　グランディンら（Grandin, 2008 / 2010; Grandin and Barron, 2005 / 2009）は、

どのようにすれば、こだわりを活かしてASD児・者の才能を伸ばせるかという点について、興味深い指摘を行っている。すなわち、人間関係のルールを学ぶことの重要性を指摘しているのである。これは一見、ASD児・者に無理難題を言っているようにも思われる。「想像力の障害」を除いたASDの三つ組みの障害の残り2つは、「社会性の障害」と「コミュニケーションの障害」である。近年では、両者をまとめて捉えるようになってきているが、いずれにせよ、人間関係の理解はASD児・者にとって、もっとも苦手な分野だと言ってよいのである。しかしグランディンは、適切な経験を積み、ASD児・者自身がその必要性を感じて学べば、学ぶことは可能だと指摘している。ASD児・者の特性自体がスペクトラムであって個々人で相当のちがいがあり、また発達の時期によっても人間関係の学びやすさは異なることが予想される。それゆえこうした指摘は、単純に一般化はできないかもしれないが、それでも重要な真理を含んでいるように思われるのである。

　なお、一般の中学生男子を対象として、自己評定式の自閉症スペクトラム指数によりタイプ分けを行い、子どもの主体性尺度との関連をみた研究（文山, 2023）があるので、簡単に紹介しておきたい。その研究で用いられた子どもの主体性尺度は、「積極的な行動」「自己決定力」「自己の方向づけ」「好奇心」の五つの下位尺度（各4項目、全体で20項目）から構成されている。自閉症スペクトラム指数で、想像力に苦手があるが、社交性とコミュニケーションは良い群で、主体性尺度の下位尺度のうち4つ（「積極的な行動」「自己の方向づけ」「自己表現」「好奇心」）の得点が、他の4群より高かったのである。わかりやすくいえば、こだわりは強いが、社交性やコミュニケーションには問題がなければ、主体的な行動をなしうると解釈できる。この研究は、あくまで一般の男子中学生を対象とした研究なので、ASDの特性をもった人にそのまま当てはまるものではないが、先のグランディンらの指摘とも対応するものといえるだろう。

──────────── ［引用文献］ ────────────

● 綾屋紗月・熊谷晋一郎（2008）『発達障害当事者研究－ゆっくりていねいにつなが りたい』医学書院

● Beyer, J. & Gammeltoft, L. (2000) *Autism and play*. Jessica Kingsley Publishers. (井 上洋平・荒木穂積（訳）（2008）『自閉症と遊び』クリエイツかもがわ）

● 文山知紗（2023）「自己評定式自閉症スペクトラム指数に基づく生徒タイプによる主 体性尺度の差の検討」『日本教育工学会研究報告集』(1) , 171-176

● Grandin, T. (2008) *The way I see it: A Personal Look at Autism & Asperger's*. Future Horizons. (中尾ゆかり（訳）（2010）『自閉症感覚　かくれた能力を引きだ す方法』NHK出版)

● Grandin, T. & Barron, S. (2005) *The unwritten rules of social relationships*. Future Horizons. (門脇陽子（訳）（2009）『自閉症スペクトラム障害のある人が才 能をいかすための人間関係10のルール』明石書店)

● 小栗正幸（2010）『発達障害児の思春期と二次障害予防のシナリオ』ぎょうせい

● 竹内謙彰（2016）「療育プログラムに遊び活動を組み込むことの意義」荒木穂積・ 竹内謙彰（編）『インクルーシブ社会研究13　自閉症スペクトラム児の多様性と主 体性を尊重した療育プログラム開発の実際』立命館大学人間科学研究所, 61-71

● 竹内謙彰（2024）「療育における遊びと子どもの主体性、そして居場所」竹内謙彰・ 荒木美知子・松元佑・荒木穂積（編）『インクルーシブ社会研究22　療育プログラ ム開発の20年』立命館大学人間科学研究所, 1-12

● 田中道治・都筑学・別府哲・小島道生（編）（2007）『発達障害のある子どもの自己 を育てる　内面世界の成長を支える教育・支援』ナカニシヤ出版

● Williams, P. (2010) Theory of own mind in autism: Evidence of a specific deficit in self-awareness? *Autism*, 14 (5), 474-494

第 **III** 部

総括と
残された課題

第5章

総括

本研究において主体的な学びはどのように捉えられたか

　ここではまず、第1章での議論の要点、ならびに第2章〜第4章における調査研究で明らかになったことについてふりかえることで、本書において主体的な学びがどのように捉えられるに至ったかを整理しておきたい。

　第1章では文献展望にもとづき、以下のような2つの結論を導いた。第1の結論は、主体的な学びにレベル分けの考え方を導入することであった。すなわち、①既存の教育システムの中で学習者がわずかでも積極的な学びを行うようになるレベル（レベル1）、②既存の教育システムの中で最大限学習者が積極的に学ぶことができるレベル（レベル2）、③既存の教育システムを越えて学習者自身が学びをコントロールするレベル（レベル3）、の3つのレベルに分けて理解されうると考えたのである。

　第2の結論は、主体的な学びを成立させる上で重要な要因であるモチベーションに関することである。主体的な学びが成立するための中核的な条件は学びに対して持続する高いモチベーションであり、レベル3においてはそれが常に供給可能であるのに対し、レベル2あるいはレベル1に

おいては、教員の力量形成、学び方に対する選択の自由の保障や多様な学び方の自覚的相対化、学びのコミュニティの形成などの条件整備が求められる。レベル3における学びの本質を探究することは今後の課題として残された。

　なお、この3つのレベル分けの発想は、第1章でもふれたように、教授学習の文脈の中での主体的な学びの形成に関する溝上（2014）の議論を参考にしている。ただし、このレベル分けのモデル自体は、筆者が論文でそのアイデアを公表する以前に、すでに溝上自身（溝上, 2019）がより精緻な形で提案していたことは付け加えておかなくてはならない。

　続いて第2章〜第4章までの第Ⅱ部で、主体的な学びがどのように捉えられたかを述べていこう。ただしその前に、第Ⅱ部の位置づけについてここでいくらか補足説明をしておきたい。すでに「Column2　第Ⅰ部から第Ⅱ部への架橋」でも述べたように、第Ⅰ部である第1章で問題提起したことを第Ⅱ部でそのまま論証したわけではない。第Ⅱ部では、主体的な学びの態度を測定する尺度を構成することで、その尺度で測定されたものを主体的な学びの態度であると操作的に定義し、その態度に関連する要因を探ることで、主体的な学びにアプローチするという研究方法を採用したのである。当然ながら、構成された尺度では測定されえない主体的な学びの諸側面は、このアプローチでは扱えないという限界を有しているのである。そうした限界はありつつも、それなりに興味深い結果が得られたことは確かである。

　さて第2章では、主体的な学びの態度を測定するため、大学生を対象として、自発的学びと対人的学びの2つの下位尺度からなる尺度が開発された。両下位尺度は、一定の内的整合性を示すとともに再検査信頼性を示した。また両者は学ぶモチベーションの尺度といってよい積極的関心と継続意志、また知的好奇心尺度の2つの下位尺度である拡散的好奇心および特殊的好奇心の各尺度と有意な関連をもっていた。すなわち、新たに構成された主体的な学びの態度尺度は、学びのモチベーションなら

びに知的好奇心と有意に関連することが示されたのであり、このことは、主体的な学びの態度尺度に併存的妥当性があることを意味している。まとめるならば、構成された尺度はある程度の信頼性と妥当性をもっていると結論づけられた。

　第3章では、成人を対象として、2つの調査が実施された。第1調査では、20代〜70代までを対象としたとき、主体的な学びの態度の2変数（自発的学び、対人的学び）はどちらも年齢が高くなるほど、また教育経験が長いほど得点が高くなる傾向があった。加えて、世帯年収が高いほど対人的学びの得点が高い傾向があった。さらに男女別に年齢によるちがいをみると、男性でのみ年齢が高くなるほどどちらの得点も高くなる傾向がみられた。第2調査では、20代、40代、60代の年齢群ごとに、主観的幸福感の測度である人生満足度と主体的な学びの態度の2変数との関連をみたところ、対人的学びはどの年齢群でも人生満足度と有意な関連がみられた。

　第4章では、20代〜30代の人々を対象とした質問紙調査を実施して、主体的な学びの態度と遊び体験との関連が検討された。遊び体験尺度は、ゲーム遊び、遊びの自由と仲間、従来遊び、遊びの鎮静、遊びの興奮の下位尺度で構成された。分析の結果、遊び体験尺度のいくつかの下位尺度が自発的学びや対人的学びとの間に有意な関連を示すことがわかった。自発的学びは、男女ともに、遊びの自由と仲間、ならびに従来遊びとの間に有意な正の関連を示した。また男性でのみ、遊びの鎮静とも有意な正の関連がみられた。対人的学びは、男女ともに、遊びの自由と仲間との間に有意な正の関連がみられた。また男性でのみ、遊びの興奮とも有意な正の関連がみられたほか、ゲーム遊びとは有意な負の関連がみられた。すなわち、遊び体験変数の中では、遊びの自由と仲間がもっとも主体的な学びの態度に関与すると捉えることができる。

　以上、第2、第3、第4各章の3つの実証研究から、構成された尺度で測定された主体的な学びの態度は、両下位尺度ともに学びのモチベー

ションならびに知的好奇心と強く関連すること、成人期（20代〜70代）には年齢が高くなるほど強まる傾向があること、また対人的学びは主観的幸福感（人生満足度）と関連していること、さらに、20代〜30代の若年成人においては主体的な学びの態度の両下位尺度ともに、遊びの自由と仲間という要因と関連していることが示唆されたと、実証研究で得られた結果をまとめることができるだろう。

主体的な学びの諸側面：現象、状況との関連、態度

　本書は主体的な学びの探求を目的としてまとめたものである。とはいえ、本書のそれぞれの部分で扱われた主体的な学びは、いくつかの異なる側面からみたものであることを、整理のために、ここで改めて確認しておくことが必要だろう。そして、各側面間の関係についても、検討を行っておきたい。

　ひとつ目の側面は、主体的な学びの現象としての側面である。もうひとつの側面は、状況との関連からみた主体的な学びである。問題提起として位置づけられる第1章で扱っているのは、これら2つの側面である。第1章のタイトルは「主体的な学びが成立するための条件の探求」である。このタイトルからわかるように、現象として主体的な学びを捉えつつ、それを可能ならしめる条件＝状況を探求している。そして、第1章で主体的な学びと関連する状況として主に取り上げられたのは、教育の在り方であった。ここでいう教育は、かなり広義のものとして捉えられるものだ。第1章では、主体的な学びを可能ならしめる条件をもつものとして、ワークショップとサドベリー・バレー校を取り上げたが、これらも広義の教育的な営みに含めて考えることができるだろう。なお、現象としての主体的な学びを3つのレベルに分けて捉える考え方は、既存の教育システムとの関連で想定されたものであった。

　第2、第3、第4の章では、3つ目の側面である態度としての主体的な

学びを取り上げている。これらの章では、主体的な学びの態度がいかなるものであるかを明らかにしようとして、それを測定するために質問紙の構成を行うとともに、それがいくつかの重要な変数とどのように関連するかを調査・検討した。質問紙で測定される態度は、個人に帰するものと想定されており、数値として算出されるので、個人間の相対的な程度の差は示されるものの、状況との関連からみたレベルのちがいではない。また、主体的な学びの態度は個人の属性として捉えられるものの、それが実際にどのように現象するかは、その個人がどのような状況に置かれるかに大きく依存するものと捉えられるだろう。

　最後に、主体的な学びの現象、状況との関連、態度の３つの側面の相互の関係について整理を行っておきたい。まず、調査研究の焦点であった態度の側面から考えてみよう。調査報告では態度という言葉を使っているが、質問紙によって測定されて数値化されているのは、自発的に学ぼうとか、人とかかわって学ぼうとする態度をとりうる傾向性である。そうした傾向性は、個人に帰属するものとみなされる。では、自発的に学ぼうとする傾向性を示す「自発的学び」の得点が高い人は、いつでも自発的に学ぶのだろうか。当然ながら答えはノーである。その人がどのような状況に置かれているかによって、どのように学ぶかは影響を受ける。つまり、ある態度の傾向性は、どのような状況に置かれるかによって、その現象の仕方は異なってくるということである。もちろん、ある態度の傾向性の程度が強ければ、現象が生じやすいということはありうるにしても、状況に依存することは避けられないのである。

　他方で、状況との関連から議論を進めてみよう。主体的な学びが生じやすい状況に人々が置かれれば、多くの人は、実際に主体的に学ぶ経験をすることになる。そうした経験を繰り返すと、個々の人に帰属する主体的な学びの態度の傾向性も、その程度が強まることになるだろう。

　ここまで、ごく簡単に３者の関係性を整理してきた。これからいえることは、人々、特にこれから多くのことを学ぶ子どもたちにとって、主体的

な学びが生じやすい状況を適切に提供できれば、その後、状況が変わっていったとしても、主体的に学ぼうとする態度が発揮されやすくなることが期待されるのではないだろうか。

―――――――――――――― ［引用文献］ ――――――――――――――

● 溝上慎一（2014）『アクティブラーニングと教授学習パラダイムの転換』東信堂
● 溝上慎一（2019）「（理論）主体的な学習とは－そもそも論から『主体的・対話的で深い学び』まで」〈http://smizok.net/education/subpages/a00019（agentic）.html〉（2023年4月5日閲覧）

第6章

残された課題

　「主体的な学び」をテーマとしてひとつの書籍をまとめてみて、改めてこの問題の大きさに気づかされる。ここでは、本書をまとめる過程で筆者が気づいた残された課題について、簡潔にまとめておきたい。

主体的な学びの実際

　残された課題の第1は、主体的な学びが成立している実際を捉えることである。理想的、あるいはそれに近い形で主体的な学びが実現している現場を捉え、それを記述することが求められるだろう。第1章では、主体的な学びが実現していると考えられる例として、ワークショップとサドベリー・バレー校をあげた。これら2つだけでなく、可能性のあるものは種々存在するにちがいない。それらにアプローチして、その共通性やちがいを明らかにすることは、残された課題の中でももっとも本質的なものだといってよい。なぜなら、本書では、主体的な学びが実際に現象しているイキイキとした姿を描写できていないからである。その部分を捉えられたとしたら、主体的な学びの探求は、よりリアリティを獲得することになる。

学びと遊びの関連

　残された課題の第2は、主体的な学びと遊びとの関連を、より深く捉えることである。おそらくこの課題は、課題の第1とも連動しているように筆者には感じられる。ともあれ、主体的な学びと遊びとの関連を探るには、まず子どもの遊びそのものを深く捉える必要がある。ただし、子どもの遊びの研究といっても、それだけでは漠然としている。自由で創発的な状況の中で子どもたちはどのように遊ぶのか、そしてその中で子どもたちは何を学んでいるのかを捉えることが、ひとつの切り口になるように思われる。

質問紙構成にかかわる課題

　簡潔にまとめれば、残された主要な課題は前記2つに尽きる。とはいえ、質問紙を用いた実証研究に残された課題があることにもふれておくべきだろう。それは、主体的な学びの態度質問紙の守備範囲の拡大、あるいは再構成の課題である。主体的な学びの態度質問紙の構成にあたって、筆者は第2章において以下のように述べた。

　　学校のような教育システムを離れても持続しうる学びの態度に着目する。そうすると、その重要な構成要素として、学びにおける積極性・能動性と自主的な判断にもとづく自律性、ならびに他者との関係性が重要になってくるのではないかと考えられる。

　こうした考え方をもとに質問項目を作成して調査を行い、得られた結果を因子分析したのち、尺度構成をして、信頼性・妥当性の検討を行ってできたのが、自発的学びと対人的学びの2つの下位尺度をもつ主体的な学びの態度質問紙である。

再構成の課題でまずあげるべきは、対人的学びを捉える項目数を増やすことかもしれない。また、項目全体を再度吟味して、より適切に構成概念を測定しうるようにすることも課題になりうる。さらに、守備範囲の拡大という点では、自発的学びと対人的学び以外の下位尺度を構成すべきかもしれない。

　ともあれ、質問紙調査研究としては、それなりの信頼性・妥当性が得られ、また興味深い変数間の関連がみられたものの、質問紙としての精緻化の度合い、あるいは完成度は十分とはいえない面がある。さらなる探求が求められるだろう。

あとがき

　本書は、「『主体的な学び』とはどのようなものか」という問いに対して、近年の教育研究動向をスケッチして得られた知見をまとめるとともに、筆者が作成した簡易な質問紙尺度を用いて、主体的な学びの態度がどのような変数と関連しているかを記したものである。また、各章の中には包含できないが、主体的な学びのテーマにかかわるトピックとして取り上げたいことは、Column（コラム）という形で掲載している。なお、第1章〜第4章までは、それぞれ下記の既公刊論文にもとづいている。

　　第1章：竹内謙彰（2020）「主体的な学びが成立するための条件の探求」『立命館産業社会論集』56(2), 1-20

　　第2章：竹内謙彰（2021）「主体的学び態度尺度の作成」『立命館産業社会論集』57(1), 79-92

　　第3章：竹内謙彰（2022）「成人期における主体的な学び態度—年齢による変化ならびに人生満足度との関連—」『立命館産業社会論集』58(3), 1-17

　　第4章：竹内謙彰（2023）「主体的な学び態度と子ども時代の遊び体験」『立命館産業社会論集』59(1), 167-179

　掲載にあたっては、全体の構成に合うように若干の表現の変更を行ったが、最初に公刊された時の論文の趣旨を損ねないよう修正は最小限にとどめている。本書はこの4年余りの間に発表してきたこれらの論稿をベースにしつつ、書籍化にあたって新たに書き起こした部分もある。全体として首尾一貫した構成になるよう努めたが、読んでいただいて気づかれることもあると思う。遠慮なくご指摘いただければ幸いである。

　さて本書を通して読むと、「主体的な学びはどのようにすれば成立するのか」という主題をめぐって、ささやかではあるがさまざまなアプローチ

がなされたことを見て取っていただけるだろう。主体的な学びが成立するための条件の探求は、第1章のテーマであるが、第2章〜第4章までの質問紙調査研究は、いくつかの視点から第1章の探求を補完するものだといえる。

　第1章の結論を敷衍(ふえん)すれば、高いモチベーションが維持され自己運動としての学びが継続する第3のレベルの状態が実現されることが、主体的な学び成立の条件ということになるだろう。第3のレベルにある人は、「主体的な学びの態度尺度」質問紙で高得点を取るだろう。ただし、そうした態度は一旦高いレベルに達したとしても不変なものではない。むしろ、学ぶ主体がどのような条件に置かれるかによって、学ぶ態度にも変動がありうるのである。

　第2章〜第4章までの調査研究で主体的な学びの態度との関連を検討した主な変数は、知的好奇心、年齢、幸福感、子ども時代の遊び体験であった。ただし、知的好奇心は、併存的妥当性の検証のために用いたものである。主体的な学びを促したり、それに関与したりする要因は、ここに取り上げたもの以外にも多く存在するだろうが、筆者としては、これらの変数が重要だと考えていたのである。

　主体的な学びの態度尺度を構成し、それを用いた調査研究を進める中で筆者が素朴にイメージしていたのは、以下のようなことである。すなわち、主体的な学びは知的好奇心こそが駆動するものであり、成人期において主体的に学ぼうとする傾向は年齢とともに高くなっていくものであり、主体的に学ぶことは幸福感を生み出し、また、子ども時代に豊かな遊びの体験を重ねることは主体的に学ぶ態度を形成するだろう。実際の調査研究で明らかになったことは、本書を読んでいただければわかるとおり、それほど単純ではない。また、何度か述べているように、変数間の関連はあくまで相関関係であって、因果関係ではないのであり、考察のための手がかりに過ぎないものである。また、そもそも、筆者が作成した主体的な学びの態度尺度は、主体的な学びとして想定されうるもののご

く一部を扱うことができたに過ぎないものである。

　それでも、あえて正面から主体的な学びを取り上げ、関連する要因を検討した意義はあると考える。なにより、人間は学ぶ存在であるし、主体的に学ぶことはその人の権利でもあると考えられるのである。本書を手に取る人にとって、少しでも主体的に学ぶということを考える契機になれば幸いである。

　なお、本書が主体的な学びの態度を測定する質問紙の開発、ならびにその質問紙と他の諸変数との関連をみるという調査研究に重心を置いた形になったことについて、一言述べておきたい。実は、第１章のもととなった論文を構想し執筆し始めた時点では、主体的な学びが成立していると考えられる実践現場をいくつか訪れ、そこでの実際から学ぼうという構想を立てつつあったのである。学外研究の機会を得て、どのようにその期間を有効に使おうかと考えていた。しかしながら、丁度そのタイミングで、コロナ禍が始まったのである。どこかへ調査研究に行くということも、当初はまったく考えられない状況であった。今から冷静に考えれば、何かしらの方策はあったかもしれないが、特に伝手もないところでいきなりフィールドワークを始められる条件がなかったことは確かである。そこで方針転換して取り組んだのが、質問紙調査研究である。まずは構想を練って開始して、続けることで意欲が湧き、このような形としてまとめることができた。

　ともあれ、主体的な学びをテーマとする本が、私の初めての単著となったことは感慨深い。小学生のころから、人はなぜ勉強するのだろうかという疑問を抱いてきたことは「はしがき」でも述べたが、その疑問に少しだけ答えを見出せたように思うのである。

　本書の刊行にあたっては、クリエイツかもがわの田島英二さんならびに水田萌さんにはずいぶんとお世話になりました。特に、校正段階での用語や表現の整序では、丁寧にチェックいただき、とても助かりました。

また、本書の刊行に際しては、立命館大学産業社会学会の学術図書出版助成を得ることができました。そのほかにも、多くの方々の助力によって本書を刊行することができました。お力添えをいただきましたみなさまには、この場をお借りして心よりお礼申し上げます。

2024年2月

竹内謙彰

[著　者] 竹内謙彰（たけうちよしあき）

京都府生まれ。京都大学大学院教育学研究科博士後期課程満期退学。京都大学博士（教育学）。愛知教育大学勤務を経て、現在、立命館大学産業社会学部教授。専門は発達心理学、教育心理学。

[主要著書・訳書]

● 『たのしく学ぶ社会福祉 − 誰もが人間らしく生きる社会を作る − 』（共著、ミネルヴァ書房、2021年）

● K・ハヴァースカ他（編）『乳幼児期の自閉症スペクトラム障害　診断・アセスメント・療育』（共監訳、クリエイツかもがわ、2010年）

● N・フォアマン & R・ジレット（編）『空間認知研究ハンドブック』（共監訳、二瓶社、2001年）

● 『空間認知の発達・個人差・性差と環境要因』（編著、風間書房、1998年）

● 『空間に生きる』（共著、北大路書房、1995年）

主体的な学びの探求

2024年3月31日　初版発行

著　者 ● ©竹内謙彰
発行者 ● 田島英二
発行所 ● 株式会社 クリエイツかもがわ
　　　　〒 601-8382 京都市南区吉祥院石原上川原町 21
　　　　電話 075（661）5741　FAX 075（693）6605
　　　　https://www.creates-k.co.jp
　　　　郵便振替　00990-7-150584

装丁・デザイン ● 佐藤　匠
印刷所 ● モリモト印刷株式会社
ISBN978-4-86342-366-4 C3037　　　　　　　　　printed in japan

特別支援教育は幸福を追求するか
学習指導要領、資質・能力論の検討

三木裕和／著

学習到達度調査PISAから眺める学力、特別支援学校学習指導要領改訂が求めるもの、そして、実践からみえる若者の感覚とこれからを歩む権利。教育現場が必要とする知見をわかりやすく、鋭く問う。 　　　　　　　　　　　　　　1870円

障害のある若者と学ぶ「科学」「社会」
気候変動、感染症、豪雨災害

丸山啓史／編　國本真吾・澤田淳太郎・塩田奈津・村上穂高／執筆

学ばなくてもさしあたり支障がないことと思われがちな、現代的な課題に関わる「科学」「社会」の学習。
「わからないはず」「わかっているはず」と思い込まない授業づくりが、学びの楽しさ、大切さを創り出す。 　　　　　　　　　　　　　　1650円

京都発 高等学校における特別支援教育のこれから
持続可能な支援にむけて

京都教育大学教育創生リージョナルセンター機構総合教育臨床センター／監修
相澤雅文／編

様々な教育的ニーズに対応した複数候補からの選択、入学の仕組みの工夫、入学後の適切な支援などをそなえた高等学校が全国で設置されている。
文部科学省のモデル事業の成果や、現状への課題意識からの調査研究などを含めた、特色ある学校づくりを紹介。 　　　　　　　　　　　　　　1980円

障がい青年の学校から社会への移行期の学び
学校・福祉事業型専攻科ガイドブック

田中良三・國本真吾・小畑耕作・安達俊昭・全国専攻科（特別ニーズ教育）研究会／編

長年取り組む専攻科づくり運動・実践。「もっと学びたい」障がい青年の願いを実現する「専攻科」18の学校・事業所を紹介。よくわかる障がい青年の学びガイド。 　　　　　　　　　　　　　　2200円

「自分づくり」がひらく未来　　子どもの願いを支える教育課程の創造

川井田祥子／監修　鳥取大学附属特別支援学校／著

学校教育で多用される「自分づくり」とはどんなものだろう。教育と発達の視点から「自分づくり」をとことん追究、子ども・若者たちの内面の育ちを大切にした教育課程を創り出す。 　　　　　　　　　　　　　　1980円

あたし研究 1・2　　自閉症スペクトラム〜小道モコの場合

小道モコ／絵・文

自閉症スペクトラムの当事者が『ありのままにその人らしく生きられる』社会を願って語りだす。知れば知るほど私の世界はおもしろいし、理解と工夫ヒトツでのびのびと自分らしく歩いていける！
　　　　　　　　　　　　　　①19刷 1980円／②8刷 2200円